Arena-Taschenbuch
Band 0338

Ursel Scheffler
ist eine der erfolgreichsten deutschen Kinderbuchautorinnen. Weit über hundert Bücher gibt es von ihr und man kann sie in mehr als zwanzig Sprachen lesen.

Bei Arena und in der Edition Bücherbär sind bisher Krimis, Piraten- und Räubergeschichten erschienen. In *Die supertolle Geburtstagskiste* hat sie die Erfahrungen gepackt, die sie über viele Jahre hinweg bei den Geburtstagsfesten ihrer eigenen Kinder gesammelt hat.

Weitere Bücher bei Arena und in der Edition Bücherbär von Ursel Scheffler:
Harry und Fox, die Superspürnasen
Harry und Fox und die Enten-Agenten
Harry und Fox und der Schurke mit der Gurke
Geschichten aus der Osterhasenstadt
Ritschi Ratzeputz von Raubazien und andere Räubergeschichten
Piratenpost von der Pfefferinsel
Die supertolle Ferienkiste (Band 0331)

Ursel Scheffler

Die supertolle Geburtstagskiste

1000 Tipps für lustige Feste

Mit Illustrationen
von Christiane Hansen

Arena

In neuer Rechtschreibung

1. Auflage als Arena-Taschenbuch 1999

Umschlagillustration: Christiane Pieper
Innenillustrationen: Christiane Hansen
Gesamtherstellung: Westermann Druck Zwickau GmbH
ISSN 0518-4002
ISBN 3-401-00338-0

Inhalt

1000 Tipps für Geburtstagsfeste

Für alle Kinder, die sich auf ihren Geburtstag *freuen,* und für alle Eltern, die sich davor *scheuen,* ist dieses Buch gedacht! Nützlich ist es sicher auch für Lehrer und Erzieher, die nach Ideen für Klassen- oder Gruppenfeste suchen.

An zwölf Beispielen, die auf die Monate des Jahres verteilt sind, wird gezeigt, dass man zu jeder Jahreszeit vergnügt und abwechslungsreich Kindergeburtstag feiern kann.

Jedes Fest ist unter ein Motto gestellt: Räuberfest, Geisterfest, Zirkusfest, Indianerfest, Pyjamafest usw.

Die Festbeispiele wurden alle mit unseren drei Kindern und zahlreichen begeisterten Festteilnehmern im Laufe der Jahre ausprobiert. Schmökern Sie, lassen Sie sich anregen! Drücken Sie das Buch auch Ihren Kindern in die Hand. Packen Sie die Kiste nach und nach aus! Bestimmt ist auch genau das Richtige für Ihre Party dabei.

Supertolle Feste und vergnügte Gäste
wünschen allen Geburtstagskindern

Ursel Scheffler
und Bonzo der Geburtstagsdrache

Allgemeine Tipps *(für Eltern)*

Die Einladung

Die Einladung ist die »Visitenkarte« für jedes Fest!

- Man sollte die *Vorfreude* kreativ nutzen und die Einladung gemeinsam mit dem Geburtstagskind gestalten. Die Textvorschläge in diesem Buch sind nur als Anregung für einen ganz individuell gestalteten Text gedacht. Je nach Talent und Neigung wird die Einladung vielleicht zu einem Kunstwerk aus Kartoffeldruck, Linolschnitt, Collage, Grafitti, Wachskreiden-Pop-Art oder Computer-Clip-Art.
  Die Einladung sollte die Gäste etwa eine Woche vor dem Fest erreichen. Auch Kinder haben Termine!
  Die Einladung muss Datum, Ort, Uhrzeit und Motto des Festes enthalten.

Die Anzahl der Gäste

Als Faustregel gilt:

- nicht mehr Gäste einladen, als das Geburtstagskind Jahre alt wird. Mehr Gäste sollten es nur sein, wenn das Fest im Freien gefeiert wird oder wenn zusätzliche Helfer (größere Geschwister, andere Eltern) zur Verfügung stehen.

Dauer des Festes

- für 6- bis 8-jährige Kinder etwa 3 Stunden
- für 8- bis 10-jährige etwa 4 Stunden
- für 10- bis 12-jährige etwa 5 Stunden

Spiele

Dieses Buch enthält Festvorschläge für 6 bis 12-jährige Kinder. Natürlich sollen sich auch ältere Kinder und Erwachsene für ihre Feste und Partys anregen lassen. Der Spieltrieb und der Spaß am Feiern kennt glücklicherweise keine Altersgrenze.

Die hier vorgeschlagenen Spiele sind auf ein Alter abgestellt, in dem der Bewegungsdrang besonders groß ist. Im Allgemeinen gilt, dass lebhafte Spiele mit ruhigeren Spielen abwechseln sollten. Zwischen Fangspielen und Geländespielen sollten Geschicklichkeitsspiele und Rätselspiele gemacht werden. Es gibt sportliche und musikalische Spiele und Spiele, bei denen Phantasie und Erfindungsreichtum gefragt sind. So werden die verschiedensten Talente der Kinder angesprochen und jeder kann sich das aussuchen, wovon er sich für sich und seine Gäste am meisten Spaß verspricht.

Spiele haben u. a. auch den Sinn, dass Gäste, die einander nicht kennen, miteinander bekannt werden. Spiele sollen Kinder zu gemeinschaftlichem und kameradschaftlichem Handeln hinführen und nicht in ehrgeizige Wettbewerbe ausarten. Deshalb sind auch viele Spiele enthalten, bei denen es keine Sieger und keine Verlierer gibt, sondern vielmehr *der Spaß am gemeinsamen Spiel* im Vordergrund steht.

Das meint übrigens auch *Bonzo der Geburtstagsdrache,* der gleich versucht die Festvorschläge für die Geburtstagskinder persönlich ins rechte Bild zu rücken.

Bonzos Tipps *(für Geburtstagskinder)*

Geburtstage feiern, meint Bonzo der Drache,
ist eine äußerst vergnügliche Sache . . .

Hallo, ihr Geburtstagskinder,
zum Feiern ihr Freunde, das will ich euch fauchen,
kann mancher gut Tipps und Hinweise brauchen.
Denn es gibt viele Leute, die gruseln sich sehr
vor dem Planen von Festen, denn es fällt ihnen schwer.
Das bringt einen Drachen wie mich bloß zum Lachen
und ich möchte euch gern ein paar Vorschläge machen.
Erstens kann es der Party nicht schaden
die richtigen Leute einzuladen.
Zweitens sollte die Einladung schon
gehalten sein im richtigen Ton.
Sie sollte Lust und Laune machen,
Anlass sein zum Schmunzeln und Lachen.
Drittens: Für drachenstarke Feste
empfehl ich ein Motto für die Gäste.
Zu Halloween oder Karneval
ist das schon ein klarer Fall.
Doch auch zu anderen Jahreszeiten
macht es Spaß sich zu verkleiden.

Als Zauberer, als Geist, als Vamp,
als Clown, als Märchenfee, als Tramp,
als Hexe, Cowboy, Schlagerstar,
als Elvis mit Pomadenhaar,
als Dracula und Frankenstein,
als Prinz, als Frosch, als Stachelschwein.
Viertens: Denkt euch Spiele aus
für draußen und für drin im Haus.
»Phantasie statt Kalorie«,
die Devise scheitert nie.
Spart das Geld für Tortensachen,
die alle Drachen dicker machen,
viel wichtiger ist Spiel und Spaß,
Drachenfreunde wissen das.
Fünftens: Eine schöne Feier
muss vergnügt sein und nicht teuer.
Sechstens: lest dies Festebuch,
da gibt es Partytipps genug!
Und jetzt plant fix das Fest der Feste
für euch und eure Partygäste!
Wird bestimmt 'ne tolle Sache!

Bonzo
der Geburtstagsdrache

Das Räuberfest

für Spitzbuben, Räuberbräute,
Gauner und Ganoven

Einladung:

Als Einladung kann man einen Räuberhut malen, in dem eine Feder steckt. Man kann ihn auch aus farbiger Pappe ausschneiden und beschreiben. Oder man wählt als Hintergrund eine Mauerstruktur mit Gefängnisfenster und Graffitti oder Strichmännchen. Daneben gemalt die Strichliste der Tage bis zum Fest . . . Neben der Unterschrift vielleicht der Fingerabdruck des Geburtstagskindes (Stempelkissen!)?

Textvorschlag:

Wenn die ersten Gäste kommen

Im Januar ist es meist klirrend kalt. Man wird wenig Spiele im Freien durchführen können. So erst einmal herein mit den Gästen in die Räuberhöhle! Tisch und Stühle sind weggeräumt. Räuber hocken am liebsten auf dem Boden. Sie bekommen einen Begrüßungstrunk von Räuberhauptmann Max. Er reicht einen alten Hut herum, in dem Zettel mit Namen berühmter oder selbst erfundener Räuber liegen: Hotzenplotz, Räubersusi, Ali Baba, Robin Hood, Schinderhannes, Bonnie und Clyde, Rinaldo Rinaldini, Piratenlissy, Ronja Räubertochter usw.

Man kann für die Mädchennamen andersfarbige Zettel nehmen.

Aber natürlich können auch Jungen Mädchen spielen und umgekehrt.

Max sorgt dafür, dass die richtige Stimmung aufkommt: Er hat eine Kassette mit Räuberliedern besorgt und kümmert sich darum, dass Gäste, die noch zu ordentlich aussehen, Bartstoppeln ins Gesicht malen, einen Bart ankleben, eine Augenklappe vorbinden, eine Feder an den Hut oder ein »Veilchen« ums Auge bekommen.

Endlich rückt Max mit seinem gefährlichen Plan heraus.

Der Bankraub oder »das ganz große Ding«

(Ganoven-Rallye)

Das »ganz große Ding« ist ein wuchtiger Tresor (alter Kleiderschrank), in dem mindestens eine Million Gold-Euros liegen sollen. Die Sache hat nur einen Haken: Der Schrank ist so massiv, dass ihn kein Tresorknacker der Welt aufschweißen kann. Der einzige Weg in den Tresor hineinzukommen, ist ein Schlüssel. Dieser Schlüssel ist so raffiniert versteckt, dass ihn einer allein gar nicht finden kann. Daher hat Max die klügsten Räuber aus der ganzen Unterwelt eingeladen. Sie sollen ihm jetzt helfen den Schlüssel zu finden.

»Die Beute wird gerecht geteilt! Großes Räuberehrenwort!«, verspricht Max.
Max bekommt von seinem Räuber-Vater einen verschlossenen Umschlag. In dem ist ein Zettel mit einer Geheimbotschaft, die zunächst keiner lesen kann. A = B steht darunter. Rasch finden die Räuber heraus, dass das der »Schlüssel« für die Geheimschrift ist. Die Räuber knobeln gemeinsam an der Lösung. Für A muss B eingesetzt werden, für B das C usw. Man muss also immer den nächsten Buchstaben im Alphabet verwenden, um die Nachricht zu entziffern.
Räubersusi hat die Lösung als Erste:
»Im Telefonbuch unter Georg Knasterberg nachsehen. Die Quersumme seiner Telefonnummer ergibt die Seitenzahl des ›Dudens‹, auf der ein neuer Hinweis verborgen ist.« Die Jagd geht weiter . . .
Zwischen den angegebenen Dudenseiten findet sich ein Zettel, der die Räuber auf den Sicherungskasten lenkt. Von dort geht es auf den Dachboden, in den Heizungskeller, ins Mülltonnenhäuschen und in den Supermarkt gegenüber. Da ist der Preis für ein Kilo Schweinskopfsülze zu ermitteln. Zusammen mit der Zahl 347 ergibt er eine Telefonnummer. Die muss angerufen werden. Da bekommt man wieder einen Tipp usw.
Schließlich findet sich eine letzte Botschaft. Die Zahlen, die darauf stehen, sind die Maße eines kleinen Teppichs (z. B. der Fußabstreifer), unter dem der letzte Hinweis liegt: ein Silbenrätsel. Wenn es gelöst ist, weiß man auch, wo der Tresorschlüssel ist.

Jetzt kann der Tresor mühelos geknackt werden. Was drin ist? Lauter leckere Sachen! Das schmeckt und die Gauner freuen sich *diebisch*. So, als hätten sie wirklich eine Million Gold-Euros erbeutet. Dazu gibt's eisgekühlten oder heißen Räuberpunsch.

Ali Baba (oder eine andere Räubergeschichte)

Während die Gäste noch beim Räuberschmaus sind, liest Papa oder Mama z. B. die Geschichte von Ali Baba und den 40 Räubern bereits vor. Etwa bis zu der Stelle, wo die Räuber in die Höhle gehen.

Wenn die Gäste Lust dazu haben, lässt man die Geschichte spielen. Einer erzählt noch einmal, was passiert ist. Dann überlegt man gemeinsam, wie man es am besten darstellen könnte. Bei uns wurde das Etagenbett mit einem Bettlaken verhängt. Das war die Räuberhöhle. Ali Baba saß oben und sah den Räubern zu, wie sie ihre Schätze in den Berg schleppten.

Wenn es den Kindern Spaß macht, kann man die ganze Geschichte zu Ende spielen. Wenn nicht, bricht man ab und spielt einen Räuber-Rap, einen Ganoven-Boogie, den Kriminal-Tango oder ähnliche passende Musik.

Räuberhut (Tanz)

Alle dürfen springen und tanzen, so lange die Musik spielt. Max hat seinen Räuberhut auf. Er gibt ihn beim Tanzen weiter. Jeder versucht den Hut so schnell wie möglich wieder loszuwerden. Wer den Räuberhut aufhat, wenn die Musik aufhört, muss ins Gefängnis, d. h., er darf nicht mehr mittanzen.
Wer übrig bleibt, darf beim nächsten Spiel die Hauptrolle übernehmen: Er wird Kommissar.

Der Kommissar (Detektivspiel)

Es geht darum, einen Banküberfall aufzuklären. Der Kommissar darf einen Assistenten/in auswählen, der/die ihn bei seinen Ermittlungen unterstützt.
Unter den anderen Gästen werden die übrigen Rollen geheim verlost (Bankräuber, Bankkunden, Schalterbeamte, Nachtwächter usw.). Man schreibt so viele Loszettel, wie Mitspieler da sind. Nur Kommissar und Assistent sind außer Verdacht. Alle anderen kommen als Täter in Frage.
Jetzt beginnt der Kommissar mit seinen Ermittlungen. Der Assistent passt auf und macht Notizen. Die einzig feste Spielregel ist,

dass alle die Wahrheit sagen müssen, bis auf den oder die Bankräuber. Durch Vergleichen der Zeugenaussagen und Aufdecken von Widersprüchen versucht der Kommissar dem Täter auf die Spur zu kommen.

Wenn es ihm gelingt den Täter zu ermitteln, bekommt er eine handgemalte Urkunde und einen Bonzo-Detektiv-Orden von Polizeipräsident Max.

Bankräuber gesucht (Suchspiel im Freien)

Ist das Wetter gut genug, kann man auch draußen auf Räubersuche gehen:

»Schwarzmützel« hat wieder einmal zugeschlagen. Er hat ein Juweliergeschäft ausgeraubt. Dann ist er untergetaucht. Der Ganove mit diesem Spitznamen ist leicht an seiner schwarzen Kopfbedeckung zu erkennen. Er hat sich in einem genau abgegrenzten

Gebiet versteckt. »Schwarzmützel« hat drei Minuten Vorsprung. Dann wird er von den anderen verfolgt. Wer ihn findet, darf beim nächsten Mal »Schwarzmützel« sein und sich verstecken.

Räuber und Sheriff (Suchspiel im Freien)

Das beliebte Räuber-und-Sheriff-Spiel kennt fast jeder: Ein oder zwei Sheriffs werden gewählt. Sie bekommen als Zeichen ihrer Würde Armbinden und/oder einen Sheriffstern. Sie müssen die Räuberbande in einem bestimmten Revier aufspüren, das durch vorher vereinbarte markante Punkte (Wege, Laternen, Bäume usw.) abgegrenzt wird.
Das Gefängnis (ca. 2 m x 2 m), in dem die Sheriffs die Räuber einlochen, wird auf dem Pflaster mit Kreide aufgemalt oder im Sand oder Schnee markiert. Auf einem Spielplatz kann es die Sandkiste sein. Jeder »abgeschlagene«, d. h. von einem Sheriff berührte Räuber muss diesem ins Gefängnis folgen.
Ein Ausbruch ist nur möglich, wenn sich freie, also noch nicht ab-

geschlagene Räuber anschleichen können und die gefangenen Räuber ihrerseits durch Abschlagen befreien. Wenn alle Räuber gefangen sind, ist das Spiel zu Ende.

Räuber und Sheriff (Suchspiel im Haus)

Ein Räuber und ein Sheriff werden bestimmt. Beiden werden die Augen verbunden. Sie werden an die entgegengesetzten Seiten eines möglichst langen Tisches geführt. Sie müssen immer mit einer Hand den Tisch berühren. Nach dem Startkommando versucht der Räuber natürlich zu entkommen. Er kann die Richtung wechseln, auch »untertauchen« oder über den Tisch klettern. Der Sheriff versucht den Räuber zu erwischen. Die anderen zählen inzwischen laut bis 60. Hat der Sheriff den Räuber bis dahin nicht gefangen, darf er in Freiheit bleiben.

Der Schatzraub (Gedächtnisspiel im Haus)

Es werden etwa 10 bis 20 »Wertgegenstände« auf den Tisch gelegt: Uhr, Kette, 7 Edelsteine (Kiesel, Bohnen), Ring, Lutscher, Taschenmesser, Geldbörse usw.

Ein Detektiv wird bestimmt. Dieser verlässt den Raum. Jetzt stiehlt ein Dieb drei Gegenstände. Wenn der Detektiv wieder hereinkommt, muss er herausfinden, welche Gegenstände abhanden gekommen sind.

Langfinger (Beobachtungsspiel im Haus)

Hinter einem zugezogenen Vorhang (einer aufgehängten Decke) lauert eine Langfingerbande! In diesem Fall sind es alle Geburtstagsgäste bis auf den Detektiv, den man vorher bestimmt oder ausgelost hat. Auf einem Tisch, der sich vor dem Vorhang befindet, liegen einige Wertgegenstände. Ab und zu schießt eine Hand heraus und holt sich etwas vom Tisch. Es sollte immer dieselbe Hand sein. (Uhren und Ringe vorher abnehmen, sonst macht man es dem Detektiv zu leicht!)

Der Detektiv sieht jedes Mal nur die Hand. Wenn alle Gegenstände verschwunden sind, hebt er das Diebesnest hinter dem Vorhang aus.

Alle müssen ihre Hände vorzeigen. Kann der Detektiv anhand der Hand den Täter identifizieren, bekommt er einen Bonzo-Detektiv-Orden, echt versilbert (Alu-Folie!).

Die geraubte Goldkugel (Scherzspiel im Haus)

Eine goldene Kugel (Apfelsine), das Lieblingsspielzeug der chinesischen Prinzessin *Ling-Fu-Tschi,* ist leider von dem gefährlichen Trickdieb *Lang Fing* geraubt worden. Dem, der die goldene Kugel wieder findet, winkt eine hohe Belohnung.

Es wird ein kluger und tapferer Prinz gesucht. (Melden sich mehrere Prinzen, dann warten alle, bis auf einen, vor der Tür und kommen nacheinander dran!)

Man begrüßt den mutigen Prinzen *Lang Fing Fang King,* lässt ihn auf einen Berg (Stuhl) steigen und zeigt ihm, ggf. durch ein Fernglas, »weit im Westen« das Versteck der goldenen Kugel: Sie liegt in einem tiefen, tiefen Teich (Apfelsine in leerer Plastikschüssel in entfernter Ecke des Raumes).

Prinz *Lang Fing Fang King* muss sich jetzt auf den Weg machen und die goldene Kugel holen. Das ist allerdings nicht so einfach, denn er muss durch einen Zauberwald, den man nur mit verbundenen Augen durchqueren kann.

Die anderen Gäste heben die Hände hoch wie Äste, bewegen sich im Wind, *spielen* den Zauberwald. Eine Pantomime, die man mit Wind, Sturm usw. ausbauen kann.

Dann holt man den Prinzen vom Stuhl (Berg) herunter, verbindet ihm die Augen und dreht ihn etwas im Kreis. Jetzt darf er auf allen Vieren auf die Suche gehen (ähnlich wie beim Topfschlagen). Dabei muss er sich zwischen den anderen Gästen, die wie Bäume im Weg stehen, hindurchtasten.

Den »See« findet er natürlich nach einigem Suchen. Aber wenn der tapfere Prinz *Lang Fing Fang King* siegessicher hineingreift, um die Apfelsine herauszuholen, patscht er ins Wasser. Man hat

die Schüssel inzwischen mit kaltem Wasser gefüllt. Er bekommt den Ehrentitel *Lang Fing Fang King Platsch I.* Dann kommt der nächste Bewerber an die Reihe.

Scherzfragen

? Wie heißt ein chinesischer Taschendieb?
Antwort: *Lang Fing*
? Wie heißt ein chinesischer Kommissar?
Antwort: *Lang Fing Fang*
? Wie heißt ein chinesischer Polizeihund?
Antwort: *Lang Fing Fang Wau*
? Und was ist wohl *Lang Fing Fang Peng* und *Lang Fing Fang Miaou?*

Zum Abschluss des »Räuberfestes« versammelt sich die Räuberbande um einen großen Topf Räubersuppe. Es gibt »Knastwürstchen« mit Senf und Ganovenbrause.
Weil es inzwischen stockdunkel geworden ist, verteilt Max Taschenlampen. Gemeinsam mit Räuberpapa und Räubermama begleitet er seine Gäste nach Hause.
»Schade, dass es schon vorbei ist«, sagt Räubersusi.
»Es war wirklich ein supertolles Geburtstagsfest!«

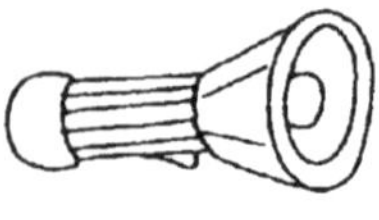

Das Gespensterfest

für Geister, Monster und Vampire

Im Februar wird aus einer Geburtstagseinladung meist ein Faschingsfest. Wenn es aber mal etwas besonders »Geistreiches« sein soll, dann zaubert doch ein Gespensterfest.

Einladung:

Das Geburtstagskind legt seine Hand auf ein Blatt Papier und malt mit schwarzem Filzschreiber die Umrisse nach. In diese Geisterhand kann man den Einladungstext schreiben.
Oder man schneidet ein Gespenst aus, dessen Flatterhemd sich auch als Schreibfläche eignet.
Oder wie wär's mit einer Fledermauspostkarte?

Textvorschlag:

Vorbereitung:

Ein Geisterfest lebt von der Atmosphäre. Daher ist die Dekoration besonders wichtig. Die dunkle Jahreszeit macht das leicht. Außerdem erhöht es die Vorfreude auf das Fest, wenn man mit dem Geburtstagskind aus Tapetenresten Flattermänner bastelt, aus Foto-

karton Fledermäuse ausschneidet und an Bindfäden von der Decke, Lampe, Gardinenstange baumeln lässt.
Ein Besen lässt sich mit Bettlaken und Luftballon gut als Geist dekorieren.
Lampen werden mit Krepppapier in Geisterlicht verzaubert. Zusätzliche Lichteffekte erreicht man mithilfe von kleinen Weihnachtsbirnchen, Lampions oder Partylichtern. Man kann auch farbige Glühbirnen in die Lampen schrauben.
Fenster kann man mit Bettlaken verhängen, auf die man Poster mit Monstern, Vampiren oder Ähnlichem heftet. Geister, die aus Zeitungspapier ausgeschnitten sind und wie Schatten wirken, machen sich gut darauf.
Geistermusik vom Band schafft Stimmung, dazu Rumbarasseln, Heulen, Pfeifen, man kann auch von den Gästen Geräuschkulissen (nach Ansage!) erzeugen lassen.

Wenn die ersten Gäste kommen

Anna, das Geburtstagskind, hat sich als Gräfin Draculix verkleidet. Mit Clownsschminke hat sie ihr Gesicht ganz weiß bemalt. Der Vampirzahn aus Plastik sieht beim Lachen ziemlich schrecklich aus. Sie führt die Gäste in die schummrig beleuchtete Geisterburg. Anna erklärt, dass die Monster und Geister an der Wand ihre spukenden Vorfahren sind. Auf einem Eimer liegt der Kopf eines verblichenen transsilvanischen Verwandten (Fußball, mit Kreppa-

pier überzogen) und daneben das Original-Nachthemd (von Oma) der spukenden Fürstin Futsch mit einem schaurigen Blutfleck (aus rotem Papier, auf den Rock geheftet).
Da Annas Schwester Kitty gut malen kann, sieht die Schlossruine auf der alten Tapete gespenstisch echt aus. Und der Mond am blauen Nachthimmel dahinter (Lampion?) erst recht.
Endlich sind alle da. Anna hat mit der Taschenlampe genau nachgesehen, was in den Päckchen war, die ihre Freunde mitgebracht haben. Vampire sind besonders scharf auf Geburtstagsüberraschungen. Jetzt trommelt Annas Mutter im Geisterhemd auf einem alten Blechnapf (Tamburin) und verkündet mit tiefer Stimme, dass der Tanz der Vampire beginnen kann . . .

Der Tanz der Vampire (Tanzspiel)

Jedes Gespenst bekommt einen roten Krepppapierstreifen am rechten Fußgelenk befestigt, und zwar so, dass er noch etwas auf dem Boden schleift. Das sind die Beiß-Lizenzen. Wenn der Tanz losgeht, versuchen Geister und Vampire den anderen die Beiß-Lizenz abzutreten und die eigene möglichst heil über die Runden zu bringen. Dazwischen gibt es immer wieder Trommelpausen, während derer sich keiner bewegen darf. Wer sich bewegt, wenn die Trommel schweigt, muss ausscheiden. Weiter geht der Tanz. So lange, bis nur noch ein Geist die Lizenz zum Beißen hat. Der ist dann der Oberbeißer. Er darf bestimmen, ob der Tanz der Vampire noch einmal gespielt wird oder nicht.

Kopf ans Bein (Tanzspiel)

Jedes Gespenst bekommt einen Luftballon, den es aufblasen muss. Mit Filzschreiber wird ein Gesicht darauf gemalt. Die Luftballons sollten alle etwa gleich groß sein. Dann werden sie ebenfalls mit einer Schnur an den Füßen befestigt. Reserveballons bereithalten, da meist schon einige Ballons platzen, ehe der Tanz richtig losgeht!

Mit »Kopf bei Fuß« beginnt der Tanz. Die grausamen Gespenster versuchen gegenseitig die Luftballonköpfe zu zertreten. Wer bis zuletzt »den Kopf behält«, ist Sieger.

Schlabberschleck (Suchspiel)

Anna überreicht dem Sieger einen Bonzo-Drachenorden und einen Umschlag mit dem Vermerk »Geheim«. Er enthält die Botschaft, dass die Geister zum »Schlabberschleck mit Geisterblut« eingeladen sind.

Alle wollen wissen, was das ist. Aber auf dem Zettel steht nur, dass man hinter dem Fernseher nachsehen soll. Dort führt eine Botschaft unter Ferdis Bett, hinter die Waschmaschine, in den Briefkasten, in den Keller, auf den Dachboden. Es gibt eine Geisterreise durch das ganze Haus oder die ganze Wohnung. Die Gespenster finden schließlich im Eimer mit dem Kopf des transsilvanischen Grafen einen Zettel, auf dem steht:

Die Gespenster, die immer noch ihren Kopf behalten haben, erraten, dass das nur in der Küche sein kann. Dort finden sie dann auch »Schlabberschleck samt Geisterblut« (Vanillepudding mit Himbeersaft) und noch andere begehrte Leckereien. Jeder weiß:

Mit Sachen zum Naschen
lassen sich Geister gern überraschen . . .

Geisterseher (Ratespiel)

Manche Gespenster können durch meterdicke Wände schweben und wieder andere können nicht einmal erraten, welcher Geist sich unter einem dünnen Laken verbirgt. Das soll jetzt bewiesen werden.

Der Geisterseher verlässt den Raum.

Ein oder zwei Gespenster verstecken sich rasch unter einem Laken. Der Raum wird verdunkelt. Nur eine schwache Lampe brennt, damit die anderen Anwesenden nicht erkannt werden können. Der Geisterseher wird hereingerufen. Kann er »sehen«, wer unter dem Laken steckt?

Er kann die Größe der Personen unter dem Laken abschätzen. Oder vielleicht schaut eine Fußspitze hervor? Er darf vorsichtig tasten (kitzeln ist unfair!) und versuchen die Gespenster unter dem Tuch zum Lachen oder Reden zu bringen. Dann wird sich bald herausstellen, ob das Gespenst den neu erfundenen Bonzo-Drachenorden für Hellseher (eine alte Sonnenbrille oder eine Möhre in Alufolie) bekommen kann oder nicht.

Geistergeschichte (Ruhepause, Geschichte vorlesen)

Das Krümelmonster hat dreimal falsch geraten. Dummheit muss bestraft werden, meint Anna. Das Krümelmonster soll beim Schein der Nachttischlampe die Gespenstergeschichte vorlesen, die Anna schon vorher ausgesucht hat. (Für Gespenster, die noch nicht richtig lesen können, springt sicher gern ein anderer ein.)

Die silberne Kugel (Tanzspiel/Geschicklichkeit)

Dann gibt es wieder Musik und Bewegung. Eine Fee verteilt silberne Kugeln (Zitronen in Silberfolie) aus einem Korb. Jedes zweite Gespenst bekommt eine.

Dann muss sich jeder Geist einen Tanzpartner suchen.

Die silberne Kugel müssen die Paare zwischen die Stirnen klemmen. Sie darf beim Tanzen nicht herunterfallen und auch nicht mit den Händen festgehalten werden. Das erfordert ziemliches Geschick.

Wenn ein großes und ein kleines Gespenst zusammen tanzen, ist es besonders schwer. Dafür sieht es aber besonders lustig aus.

Der Tanz beginnt, sobald die Musik spielt. Sieger ist das Paar, dessen silberne Kugel nicht auf den Boden gefallen ist.

Gespensterpunsch

Tanzen und Lachen macht Geister durstig. Daher sollte man rechtzeitig an einen Gespensterpunsch denken.

Rezept:

☞ 2 l Malven- oder Hibiskustee mit dem Saft von 4 ausgepressten Apfelsinen und

☞ 2 Zitronen (vom Tanz) verfeinern.

☞ Mit Himbeersaft und Honig oder Zucker süßen.

☞ Einige ungespritzte Zitronen- oder Apfelsinenscheiben als Dekoration verwenden. Mit Strohhalmen servieren, damit die Geisterschminke nicht leidet.

Während alle auf dem Boden herumhocken und Gespensterpunsch schlürfen, wird abgezählt, ob auch noch alle da sind. Geister verflüchtigen sich schließlich leicht!
Geist Nummer 1, 2, 3, 4 . . . Jeder muss sich unbedingt *seine* Zahl merken.
Kontrollabfrage: »Geist Nr. 4?« – »Hier!«
Dann beginnt ein neues Spiel.

Geist ohne Kopf (Konzentrationsspiel)

Das Gespenst mit der Nummer 3 darf anfangen.
»Drei hat den Kopf verloren, eins hat ihn! «
Das Gespenst mit der Nummer 1 antwortet:
»Eins hat ihn nicht, vier (oder eine andere Zahl) hat ihn!«
Vier antwortet: »Vier hat ihn nicht! Sechs hat ihn!« usw.
Wer nicht schnell genug antwortet, wenn seine Zahl gefordert ist, oder wer sich verspricht, muss aus der Runde ausscheiden. Wer am Schluss übrig bleibt, bekommt einen Bonzo-Orden und dazu vielleicht gleich die Flasche mit dem »Flaschengeist« für das nächste Spiel.

Flaschengeist (Orakelspiel/ruhig)

Der Flaschengeist ist in der Flasche eingesperrt, aber er kann wahrsagen. Er weiß zum Beispiel, wer sich morgens nicht wäscht, wer heimlich in der Nase bohrt, wer verliebt ist und in wen, wer nicht alle Tassen im Schrank hat, wer gleich ein Lied singen muss und tausend andere Dinge mehr.
Alle Geister setzen sich im Kreis auf den Fußboden. Dann stellt einer eine Frage an das Flaschenorakel und dreht die Flasche in der Mitte des Kreises.
Der kluge Geist in der Flasche sorgt bestimmt dafür, dass der Flaschenhals immer auf das Gespenst zeigt, auf das die Frage oder Antwort zutrifft.

Ausklang

Wenn sich dann die Gespenstermitternacht nähert, d. h., wenn es gegen 19 Uhr für die Gespenster Zeit wird nach Hause zu schweben, dann schlägt die Glocke 12-mal laut und vernehmlich. Anna schlägt mit dem Kochlöffel auf den Nudeltopf. Alle zählen laut mit. Die Geisterzeit ist vorbei, auch wenn alle am liebsten weiterspuken möchten, bis es wirklich Mitternacht ist.

Wenn es die Nerven der Veranstalter noch aushalten, kann man zum unwiderruflich allerletzten Abschluss den Geister-Rock n' Roll tanzen und singen.
One o'clock, two o'clock, three o'clock, rrrrock . . .

Der Geister-Rock

(Melodie: Rock around the clock)
1, 2, 3, 4 Geister im Schloss
5, 6, 7, 8 Geister im Schloss
9, 10, 11, 12 Geister im Schloss . . .

1. Die Turmuhr läutet Mitternacht,
   hejho, ihr Geister aufgewacht! (Refr.)
2. Die weiße Lady tanzt wie toll
   mit Dracula den Rock n' Roll . . . (Refr.)
3. Ein kleiner Geist aus großem Haus
   sieht aus dem Kellerfenster raus . . . (Refr.)

4. Die Ahnen aus der Fürstengruft
betören durch den Moschusduft ... (Refr.)
5. Der Ritter Blaubart ist sehr schlau,
er spukt schon mit der siebten Frau ... (Refr.)
6. Seht, wie sie wackeln mit den Hüften
neben Särgen, Gräbern, Grüften ... (Refr.)
7. Der alte Graf von Gruselstein
hopst quietschfidel auf einem Bein ... (Refr.)
8. Das Ritterfräulein Kunigund
tanzt mit Hein Blöd im Wiesengrund ... (Refr.)
9. Der Kastellan stöhnt schwer beim Bücken,
denn ihm steckt noch der Dolch im Rücken ... (Refr.)
10. Seht bloß den coolen Knochenmann,
wie der auf einmal rocken kann!
11. Kaltes Blut und heiße Lieder,
alle singen immer wieder ...
12. Wenn's ein Uhr schlägt, ist endlich Ruh,
der Letzte klappt die Särge zu ... (Refr.)

Refrain (nach Vers 1-11)
Hört, man heult mit blasser Lippe
und man klappert mit der Rippe,
alle Geister tanzen Rock n' Roll im Leichenhemd!

Nach dem letzten Vers:
Da verstummt die blasse Lippe
und das Klappern der Gerippe,
alle Geister schlummern stumm im Leichenhemd.

Das Künstlerfest

für Maler, Bastler, Sänger und andere Kreative

Das Künstlerfest eignet sich besonders für Geburtstagskinder, die gern malen, basteln, kleben, kleckern, singen, tanzen, schauspielern. Man feiert am besten auf dem Dachboden, im Hobbykeller oder im Kinderzimmer, ehe es frisch tapeziert wird. Dann können sich die »Künstler« richtig ausleben. Sonst müssen eben die Maler etwas zurückstehen und die Dichter, Modeschöpfer, Musiker und Lebenskünstler treten mehr in den Vordergrund.

Einladung:

Eine lustige Kleckserei mit Fingerfarben, ein Kartoffeldruck, ein Wachskreidengemälde, eine Collage. Hier ist alles möglich, was das Motto des Festes unterstreicht. Der Text kommt jeweils auf die Rück- bzw. Innenseite der Einladungskarte.

Textvorschlag:

Wenn die ersten Gäste kommen

Schon seit Tagen hat Pauline das »Atelier« hergerichtet. An der Wand hängen Gemälde. Sogar eine Staffelei mit einem echten Ölbild steht da. Auf dem Bügelbrett warten Farben und Pinsel auf die eingeladenen Künstler. Neben Omas altem Küchentisch liegt eine Tapetenrolle und jede Menge Papier.

Endlich ist es so weit: Die ersten Gäste klingeln. Pauline führt sie ins Atelier.

Unter Mamas Anleitung werden die mitgebrachten Oberhemden mit Filzstiften oder geeigneten Farben erst einmal in zünftige Malerkittel verwandelt. Das macht richtig Spaß. Endlich ist auch der letzte Gast eingetroffen, Benno.

Er kommt immer zu spät. Jetzt geht die Feier richtig los.
Es hängt von Lust und Laune der Gastgeber und Gäste ab, ob es mehr ein Maler-, Musiker-, Schauspieler-, Artisten- oder Allround-Künstlerfest wird.
Die folgenden Spielvorschläge sollen zu vielen eigenen Ideen anregen.

Tapetenmänner (malen und basteln)

Ein Kind legt sich auf ein Stück Tapete. Einer der Malerkollegen zeichnet seine Umrisse nach. Jetzt wird das Bild ausgemalt und

ausgeschnitten. Es können mehrere Porträts gleichzeitig angefertigt werden. Man kann auch die Werke in Gruppenarbeit herstellen lassen. Die Gegengruppe muss jeweils raten, wer auf den Bildern dargestellt ist. Mit Tesafilm an die Wand geklebt oder an eine Wäscheleine geklammert, ergeben die Tapetenmänner eine zusätzliche originelle Dekoration. Man kann sie auch für die »Kunstausstellung« am Schluss des Festes verwenden.
(auch für Klassenfeste gut geeignet)

Kleinkunst (malen, raten und erkennen)

Jeder der Anwesenden bekommt Papier und Bleistift. Jetzt muss er einen Gegenstand oder ein Detail malen, das zu einem der Anwesenden gehört. Vielleicht einen Ring, eine Uhr, die Nase, die Schuhschnalle, einen Knopf, das Hemdmuster usw.
Nach einigen Minuten werden die Zettel zusammengelegt, gemischt und dann offen ausgelegt. Jetzt geht es darum, dass jeder findet, was zu ihm gehört.

Schattenbilder (darstellendes Spiel, basteln, raten)

Man spannt ein Laken in die Türöffnung. Mit einer Lampe und dem markanten Profil eines der Anwesenden erzeugt man einen

Schattenriss. Wer das wohl ist? Der Besitzer des Schattens wird sicher rasch erraten. Der Schatten kann von den Anwesenden nachgemalt oder in schwarzem Karton/Papier nachgeschnitten werden.

Tipp: Wenn vorhanden (z. B. bei Schulfesten), kann man mit einem Overheadprojektor richtige Bildszenen, die man auf eine Folie gemalt hat, von hinten auf eine Leinwand projizieren. Sie ergeben eine wunderbare farbige Kulisse für Schattenspielszenen.

Vorteil: Texte müssen nicht auswendig gelernt, sondern können von einer anderen Person gelesen werden, während der Schattenspieler die Bewegungen dazu macht.

Bildhauer (Ausdruckstanz)

Die Bildhauerwerkstatt von Michel und Angelo gerät ein wenig aus den Fugen, als der Atelierchef Michel mitreißende Musik vom Kassettenrekorder einschaltet.

Alle müssen tanzen, ob sie wollen oder nicht. Und jeder tanzt für sich mit möglichst ausdrucksstarken Bewegungen. Sobald die Musik aufhört, bleiben alle in der Haltung stehen, in der sie sich gerade befinden. Der Musikzauber ist vorbei! Sie sind zum Denkmal erstarrt. Lachen ist natürlich verboten.
Das beste oder komischste Denkmal wird von Michel oder Angelo prämiert und fotografiert.

Der Zauberpinsel (Bewegung und Geschicklichkeit)

Musik ertönt. Pauline hat unbemerkt einen dicken Pinsel ergriffen. Damit geht sie unauffällig auf Benno zu und bürstet ihm über die Nase. Dabei flüstert sie: »Komm mit!« Benno kapiert sofort. Im Takt der Musik läuft er hinter Pauline durch den Raum.
Die bürstet immer wieder einen der Gäste an und sagt: »Komm mit!« Der »Neue« bleibt quasi kleben und läuft hinterher. Es wird so lange »gebürstet«, bis die ganze Gesellschaft hinter Pauline und Benno herläuft. Das gibt eine lange Kette, wie im Märchen mit der Goldenen Gans.

Da hört die Musik auf. Das Geburtstagskind setzt sich rasch auf den Boden und ruft:
»Rasch auf die Insel, der Letzte kriegt den Pinsel!«
Alle setzen sich. Wer zuletzt sitzt, bekommt den Zauberpinsel

und muss sich wieder nach und nach sein Gefolge zusammenpinseln. Wenn der Pinselträger kein Einfaltspinsel ist, kann er sein Gefolge ganz schön an der Nase herumführen: Er kann unter dem Tisch hindurchkriechen, über Stühle steigen, die Treppe hinuntergehen, einen Purzelbaum schlagen, über ein Seil hüpfen und alle, die dem Zauberpinsel folgen, müssen das Gleiche tun.

Die Bildhauer (gestalterische Kreativität)

Auf dem Rathausplatz soll ein neues Denkmal aufgestellt werden. Die anwesenden Künstler werden aufgefordert sich an dem ausgeschriebenen Wettbewerb (in Gruppen) zu beteiligen.
Der Phantasie sind keine Grenzen gesetzt. Ein attraktives Thema findet man rasch (Der letzte Buttermilchtrinker, Der unbekannte Baulöwe, Das Genie, Intergalaktische Welten, Mäusegedanken, Das Über-Ei, Das Murpfel).
Es kann ein abstraktes oder ein gegenständliches Kunstwerk werden. Auch die Wahl des Materials steht frei: Knetgummi, Eierkartons, Pappmaschee, Zeitungspapierknödel, Stoffreste, Bretter, Pappe, Krepppapier usw., je nachdem, was sich im Haus oder in der Bastelkiste finden lässt.
Der Sieger oder das Sieger-Team werden gefeiert. Jeder bekommt einen Bonzo-Orden oder eine Urkunde, aus der hervorgeht, dass das Denkmal auf dem Rathausplatz aufgestellt wird, sobald der »echt goldene Steinsockel« dazu fertig gestellt ist.
Da sicher keine Hungerkünstler eingeladen sind, gibt es spätestens hier eine kleine Erfrischung!

Die Schauspieler (darstellendes Spiel)

Schauspieler sind gern gesehene Gäste auf jedem Künstlerfest. Ein Karton mit alten Klamotten sollte bereitgestellt werden. Der darf jetzt geplündert werden: Wer Spaß daran hat, darf sich verkleiden. Einfach so. Oder man spielt in Gruppen oder einzeln den anderen etwas vor, z. B. Pantomimen, Scharaden, einfache Szenen. Das klingt schwieriger, als es ist, und macht mehr Spaß, als man ahnt.

Pantomimen

So nennt man die Darstellung von stummen Szenen. Sprichwörter, Tätigkeiten aus dem Alltag, Berufe oder Begriffe werden von einem oder mehreren Darstellern vorgespielt, ohne dass dabei ein Wort gesprochen werden darf, und die anderen müssen erraten, um was es sich handelt.

Sprichwörter:

Den Letzten beißen die Hunde.
Viele Köche verderben den Brei.
Lügen haben kurze Beine.
Wer andern eine Grube gräbt usw.

Tätigkeiten aus dem Alltag:

Besuch beim Zahnarzt, Ausbruch aus dem Gefängnis, Bankein-

bruch, das Pflanzen eines Bohnenkerns samt Begießen und Ranken der Bohne um die Stange bis an die Zimmerdecke, Indianer auf dem Kriegspfad, morgens beim Aufstehen, ein gackerndes Huhn, das ein Ei legen möchte.
Reden ist verboten, Tierlaute sind erlaubt . . .

Scharaden

Bei Scharaden werden Wort- und Satzteile getrennt dargestellt. Es werden also kleine Pantomimen aneinander gereiht. Sie müssen erraten und zusammengefügt werden.
Aus Gegenständen zusammengesetzte Hauptwörter lassen sich besonders gut darstellen:
Spiegelei, Hosenträger, Briefmarkensammler, Sockenhalter, Zitronenfalter, Käsebrot, Buchstab (e), Speisekarte usw.

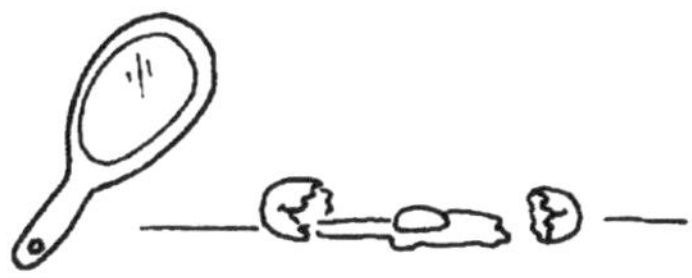

Man kann einen Spiegel und dann ein Ei hereintragen (Gegenstände). Aber man kann auch alles spielen: nur so tun, als halte man einen Spiegel, eine nicht vorhandene Handtasche aufmachen, Spiegel herausnehmen, hineinsehen, Grimassen schneiden, Spiegel weg, Tasche zu. Auch das »Ei« braucht nur in der Phantasie vorhanden zu sein. Man sucht es auf dem Hühnerhof, freut sich es gefunden zu haben, dann fällt es vielleicht herunter und zerbricht. Je mehr Spielerei dabei ist, desto schwieriger wird das Raten und desto mehr Spaß macht es allen Beteiligten.

Reizwortspiele (Spiel mit Sprache)

Es werden fünf Reizwörter genannt (z. B. Mondschein, Brücke, Schrei, Rosenstrauß, Radiergummi), aus denen jede Gruppe eine kurze Geschichte zusammenbasteln und szenisch darstellen soll. Sind die Kinder älter, kann man als Zusatzaufgabe vorschlagen, dass es ein Trauerspiel, eine Komödie, ein Kasperldialog, ein Märchen oder ein Mini-Krimi werden soll.

Weitere Reizwörter:

Apfel, Gift, Messer, Ballkleid, Zylinder;
Kutsche, Radnabe, Reiter, Affe, Buttermilch;
D-Zug, Hosennaht, Kommissar, Marmeladenglas, Waschkorb;
Saure Gurke, Wochenmarkt, Stuhlbein, Pferdeapfel, Schirm;
Springbrunnen, Kastanien, Fee, Puppe, goldener Ring.

Puppentheater (Kasperletheater/Play-back)

Vielleicht hast du eine Lieblingsplatte mit einem Märchen-Hörspiel, das du schon fast auswendig kannst?
Da kannst du mit Kasperlefiguren ganz leicht ein Stück am Geburtstag deiner kleinen Schwester aufführen.

Du musst nur die Puppen bewegen. Den Text sprechen die Profis von Kassette oder CD. (Vorher proben, damit man die benötigten Puppen und Requisiten griffbereit hat!)

Großes Theater (Karaoke/Play-back)

Man kann mit Band- oder Plattenaufnahmen natürlich auch *großes Theater* machen!

Die Schauspieler müssen nur agieren und den Mund auf und zumachen, während im Hintergrund der Originalton vom Band läuft.

Diesmal ist es besonders lustig, wenn die Schauspieler denText vorher nicht kennen und sich spontan darauf einstellen müssen. Da kommt es sicher zu komischen Missverständnissen und Verwirrungen, die das Publikum erfreuen. Annika und Michel ahnen zum Beispiel nicht, dass sie eine Liebesszene spielen werden. Und Harry ist plötzlich ein Seeräuber.

Besonders wirkungsvoll ist dieses Play-back-Verfahren bei Gesangsnummern. So kann Pauline als Popstar auftreten oder Benno als Pavarotti. Für Benno geht ein Traum in Erfüllung. Er wollte schon immer eine schöne tiefe Stimme haben! Alle anderen liegen vor Lachen auf dem Boden. Vor allem, als das Sofakissen herunterfällt, mit dem er sich den Bauch unter dem Samtumhang (alte Gardine) ausgestopft hat.

Kleine Szenen (Stegreiftheater)

Ein Märchen, eine Gespenstergeschichte, ein Gedicht oder eine Kurzgeschichte wird vorgelesen. Die Kinder erzählen den Inhalt mit eigenen Worten nach. Dann überlegt man gemeinsam, wie man die Geschichte am besten in Episoden aufteilen und spielen kann. Die wichtigsten Rollen werden verteilt, rasche und einfache Verkleidungen zusammengesucht und dann kann es losgehen. Hier wird nichts auswendig gelernt und es schadet auch nichts, wenn das Spiel am Ende ganz anders ausgeht als die ursprüngliche Geschichte. Die Hauptsache ist der Spielspaß.

Die Modenschau (Verkleidungsspiel, aktiv)

Wenn die Schauspieler erschöpft sind, kann man es auch mit einer Modenschau versuchen: Man stellt eine kleine Kollektion zusammen, die man mit phantasievollen Namen bedenkt.

Der Ansager preist besonders den »Traum der Südsee« (Tina trägt Muttis Bikini über Vatis Schipullover) an oder das »Ostfriesische Brautkleid« (Jan in Opas Gummistiefeln und mit einer wallenden Gardine umwickelt). Vielleicht erscheint einer im Sherlock-Holmes-Look, als Tarzan, Asterix oder kichernde Hexe.

Das verschwundene Mannequin (für Gedächtniskünstler)

Ein *Mannequin* wird mit möglichst vielen Gegenständen behängt: z. B. Hut, Brille, Pfeife, Uhr, Ring, Schirm, Krawatte, Schuhen und verschwindet.

Jetzt werden alle aufgefordert möglichst viele der Gegenstände, die die verschwundene Person bei sich oder an sich hatte, nebst einem Adjektiv (z. B. goldene Uhr, alter Hut, gestreifte Socken) aufzuschreiben. Wer innerhalb einer vereinbarten Zeit die meisten Dinge aufgeschrieben hat, ist ein SUPER-GEDÄCHTNIS-KÜNSTLER und bekommt den Bonzo-Gripsorden am blauen Band.

Am Schluss des Künstlerfestes kann die vorgeschlagene »Kunstausstellung« stattfinden.

Die Werke, die Maler, Bildhauer und Bastler angefertigt haben, werden begutachtet und prämiert.

Der Sieger bekommt den »Goldenen Pinsel« verliehen.

Sicher sind auch alle anderen Werke so schön, dass sie eine kleine Belohnung verdient haben. Wenn die Gäste spielmüde sind, freuen sie sich sicher zum Schluss über einen Beitrag der Kochkünstler.

Wie wäre es mit einem Zimteis oder Orangeenis?

Zimtparfait (Rezept)

Das Zimteis, von Kochkünstlern auch *Zimtparfait* genannt, ist rasch zubereitet und man kann es schon ein paar Tage vor dem Geburtstag in die Gefriertruhe stellen.

So geht's:

- ☞ 100 g Zucker und 6 Eigelb im Mixer schaumig rühren.
- ☞ 2 Teelöffel Zimt darunterrühren.
- ☞ 3 Becher geschlagene und leicht gesüßte Sahne darunterheben.
- ☞ Die Masse in die Porzellanform geben und einfrieren. Dazu schmeckt Pflaumenkompott oder Kirschkompott aus dem Glas.

Für kreative Kochkünstler:

- ❑ Du kannst auch *Orangenparfait* machen: Nimm statt Zimt ein halbes Glas Orangenmarmelade!
- ❑ Oder vielleicht *Preiselbeerparfait?* Nimm statt Zimt ein halbes Glas Preiselbeeren.

Gutes Gelingen!

Die Drachen-Rallye

für Skater, Radler, Fußgänger
und andere bewegliche Geburtstagsgäste

Willkommen zur Drachen-Rallye! Bonzos Lieblingsfest eignet sich für jede Witterung. Es ist bloß eine Frage der passenden Kleidung. Eine Rallye ist ideal, wenn die Eltern berufstätig sind und für den Fall, dass die Wohnung für die vielen Gäste und ihr großes Temperament zu klein ist. Als Bewegungsalternative bieten sich je nach Witterung und örtlichen Gegebenheiten außer Schuhsohlen auch Fahrrad, Skater, Skier, Schlitten usw. an.
Die Aufgaben für die Rallye können schon lange vorher in Ruhe zusammengestellt und kopiert werden.
Am Geburtstag selbst werden die Gäste erst einmal an die Luft gesetzt. Die Rallye-Leitung gewinnt so gut zwei Stunden Zeit, um inzwischen zu Hause Erfrischungen oder andere Überraschun-

gen für die Gäste vorzubereiten und ggf. den Streckenposten loszuschicken.

Einladung:

Es muss schon bei der Einladung auf den besonderen Charakter dieser *Open-Air-Veranstaltung* hingewiesen werden, damit die Kinder entsprechend angezogen sind. (Bei Regenwetter ggf. Regenkleidung!) Auf der Einladung könnte Bonzo zu sehen sein, mit Skatern oder Wanderstiefeln und mit vielen Fragezeichen im Gepäck.
Man kann mit Linol- oder Kartoffeldruck einen Bonzostempel machen. Man kann Bonzo einfach abmalen oder kopieren. Ganz moderne Festeplaner zaubern bestimmt mit links einen tollen Drachen aus den Cliparts in ihrem Computerprogramm.

Text-vorschlag:

Wenn die ersten Gäste kommen

Jeder Teilnehmer bekommt einen mit einem Drachen versiegelten Briefumschlag, den er erst öffnen darf, wenn er an den Start geht. Der Briefumschlag enthält die Rallye-Aufgaben, Telefonnummer, Telefonkarte, ein Schreibgerät und evtl. einen kleinen Betrag, der für Sonderausgaben vorgesehen ist.

Sobald alle Gäste eingetroffen sind, werden die Rallye-Teams ausgelost. Am besten schickt man immer zwei Kinder zusammen in 5 bis 7 Minuten Abstand los.

Vorbereitung:

Die Rallye hat man bei einem Spaziergang oder einem Radausflug an einem der vorangegangenen Wochenenden ausgekundschaftet. Die Rallye-Leitung (Papa und/oder Mama) hat sich heimlich Notizen für Aufgaben und Fragen gemacht. Das Geburtstagskind, das ja an der Rallye teilnimmt, darf die Fragen und Aufgaben natürlich nicht vorher kennen.

Eine Rallye ist ein riesiger Spaß, wenn sie gut vorbereitet ist. Am Geburtstag selbst hat man dann gar nicht mehr so viel Mühe damit.

Besser als alle Erklärungen ist das Protokoll einer Rallye, wie sie wirklich stattgefunden hat (Dauer 2-3 Stunden).

Ein solches Protokoll mit den ausgewählten Aufgaben und Fragen muss jedes Team vor dem Start in die Hand gedrückt bekommen. Schreibgerät und »Beutetüte« nicht vergessen!

Sollen viele Gegenstände gesammelt werden, empfiehlt sich zusätzlich eine »Checkliste«, auf der man die gefundenen Sachen eintragen kann.

Drachen-Rallye

am 11.4. – Start 16.05

Protokoll von ______________ (Name des Teams)

(Wenn ihr euch verlauft oder nicht weiterwisst, ruft an:
Telefon 6 03 09 76!)

1. Links den Buchenweg hinunter bis zur Ecke. Was steht dort für ein Baum? ________________

   Pflücke ein **Blatt** ab und lege es in die Beutetüte.
2. Die Straße überqueren, rechts in die Birkenstraße. Dort stehen zwei große Kästen. Wofür sind diese? ________________

3. Kurz vor der Kurve zum Eichenweg ist ein Verkehrsschild. Was bedeutet es?

   ____

4. Links einbiegen in den Weidenweg. Im Vorgarten des dritten Hauses steht ein großer Baum. Name ________________
5. Geradeaus durch den kleinen Birkenwald. Dann kommen drei Häuser. Vor dem dritten Haus steht eine Laterne. **Zeichne** sie in großen Umrissen auf die Rückseite dieses Blattes.
6. Wie heißt der Gasthof an der Ecke? ________________
7. Jetzt links und dann gleich wieder rechts. Ihr kommt an ein grünes Haus. Wie viele Klingeln sind dort? ________________
   Wer wohnt im dritten Stock rechts? ________________
8. Jetzt kommt ihr zu den Teichwiesen. Dort haltet ihr euch rechts. Ihr geht immer an dem kleinen Teich entlang, bis ihr an eine Brücke kommt. Dort steht ein Streckenposten. Ihr bekommt einen **Drachenstempel**. Sagt dem Posten, welche Aufgabe das Team nach euch erledigen muss, ehe es weiterlaufen darf. Seid nicht zu gemein!

9. Geht über die Brücke und weiter geradeaus über die Wiesen. Sammelt einen **Stein** von etwa 100 g, eine **Feder**, ein **Löwenzahnblatt** und einen möglichst langen **Grashalm**.

10. Wie heißt der Weg, der von der Brücke abzweigt, die ihr vor kurzem passiert habt? Ihr wisst es nicht? Dann solltet ihr zurück und nachsehen: ______________________
11. Am Ende der Teichwiesen ist ein Zaun. Dahinter befinden sich Tiere. Welche? ______________________
12. Am Spielplatz ist der Wendepunkt. Nehmt 10 g **gelben Sand** aus der Sandkiste und verwahrt ihn im Briefumschlag. Lauft zur Brücke zurück.
13. Jetzt müsst ihr die Aufgabe erledigen, die ihr euch vorhin für die anderen ausgedacht hattet. Hoffentlich wart ihr nicht zu gemein? Es gibt wieder einen **Drachenstempel**. Dann zurück zur Goethestraße.
14. Ihr überquert die Goethestraße bei der Ampel. Auf Grün warten! Dann lauft ihr links bis zu der Bushaltestelle. Welche Linien halten dort? ____________________
15. In dem Kiosk an der Ecke gibt es Mohrenköpfe zu kaufen. Was kostet einer? ____________________
Von dem Geld im Briefumschlag kann sich jeder einen kaufen.

16. Jetzt biegt ihr von der Goethestraße links ab in die Herderstraße. Dort befindet sich ein großes Gebäude, in dem ihr alle schon mal wart. Davor steht ein gelber Kasten. Es ist ein ______________

Geht in das Gebäude hinein und kauft **ein Bild, das 10 Cent kostet und Zähne hat.**

17. Neben dem gelben Kasten befindet sich eine Plakatwand mit den Theaterplänen. Welches Theaterstück könnt ihr morgen um 20 Uhr im Schauspielhaus sehen?

18. Daneben ist die Bücherei.
Lauft hinein und seht im Katalog oder im Computer nach, wie viele Bücher es von ______________ gibt.

19. Wie teuer ist es Bücher auszuleihen und wie lange darf man sie behalten?

20. Wenn ihr aus der Bücherei kommt, geht es rechts weiter bis zu einem Park. Wie heißt er? ________________

21. Gleich danach kommt eine Zoohandlung. Dort gibt es ein schwimmendes Sonderangebot. Was ist es und wie teuer ist es? ________________

22. Jetzt geht ihr durch die Eisenbahnunterführung und überquert die Neustädter Landstraße. Die Straße unbedingt nur an der Ampel überqueren und auf Grün warten, sonst werden 10 Punkte abgezogen! Wie viele Striche hat der Zebrastreifen? ________________

23. Geht zum Kiosk, wo Papa immer seine Zeitung holt, und lasst euch dort einen **Drachenstempel** geben.

24. Geht hundert Schritte in Richtung Osten, dann seht ihr eine Säule. Wofür ist sie gedacht? ________________

25. Jetzt schlagt ihr rechts den Ahornpfad ein und geht bis zu dem ersten Verkehrsschild. Was bedeutet es?

____

26. Nun seht ihr schon die ersten Häuser vom Birkenweg. Vor dem Haus Nr. 11 steht eine alte

____

27. An der Telefonzelle Ecke Birkenweg/Buchenweg macht ihr Halt und ruft die Rallye-Leitung (Telefon: 6 03 0976) an. Die Anrufzeit wird notiert. Das Kennwort heißt Bonzo.

28. Das letzte Stück könnt ihr gemütlich nach Hause laufen, denn jetzt ist die Rallye zu Ende. Sicher freut ihr euch jetzt auf einen herzhaften Imbiss, seid gespannt auf die Rallye-Ergebnisse und auf ein paar Überraschungen.
29. Das solltet ihr jetzt dabeihaben: (Checkliste), Blatt, Stein, Halm, 10 g Sand, Bild mit Zähnchen, 3 Drachenstempel.

Während Papa sich mit grüner Drachenkappe und grünem T-Shirt als Streckenposten drachenstark geschlagen hat, hat Mama in der Rallye-Zentrale ein total heißes »kaltes Buffet« hergerichtet.
In kurzen Abständen treffen nun die Rallye-Teilnehmer ein. Jeweils angemeldet durch einen kurzen Anruf vom Telefonhäuschen an der Ecke.
Das Team, das zuerst eintrifft, darf gleich neben dem Telefon bleiben und die Anrufzeiten der anderen notieren.
Die Beutestücke müssen vorgezeigt werden. Die Grashalme werden vermessen. Sand und Steine gewogen.
Birgits Papa wertet die Protokolle aus. Für jede richtige Antwort gibt es einen Punkt, für die beste Zeit gibt es Sonderpunkte. Die Startzeit ist auf dem Protokoll festgehalten und die Ankunftszeit ist durch den Anruf bekannt.
Mit einem Gong wird nach dem Essen die Preisverleihung eingeleitet.
Das letzte Team zuerst: Es kriegt einen Trostpreis. Dann werden die Rallye-Zeiten immer besser, die Preise immer schöner und

zum Schluss stehen die Sieger fest: Hansjürgen und Anna! Sie bekommen je einen Tischtennisschläger.
Dann wird noch erzählt und gelacht. Klaus und Henri, die sich als Aufgabe für ihre Nachfolger ein Drei-Minuten-Fußbad im kalten Bach ausgedacht hatten, trocknen fluchend ihre nassen Socken mit dem Föhn.

Das Olympiafest

für Sprinter, Jogger, Gehirnakrobaten und andere Spitzensportler

Ein Olympiafest ist immer aktuell, weil man nie weiter als zwei Jahre von einer Olympiade entfernt ist.
Bei sportbegeisterten Kindern wird es immer ein Erfolg! Man muss die Wettbewerbsspiele (auch beim Denksport!) allerdings so auswählen, dass sie dem Alter und den Interessen der Gäste entsprechen und sie möglichst weder unter- noch überfordert werden.

Einladung:

Auf die Vorderseite der Einladungskarte kannst du Olympiaringe oder andere Sportsymbole malen.
Für Computerfreunde gibt es jede Menge Cliparts. Kreative Bastler reizt vielleicht eine witzige Collage zum Thema Sport.

Textvorschlag:

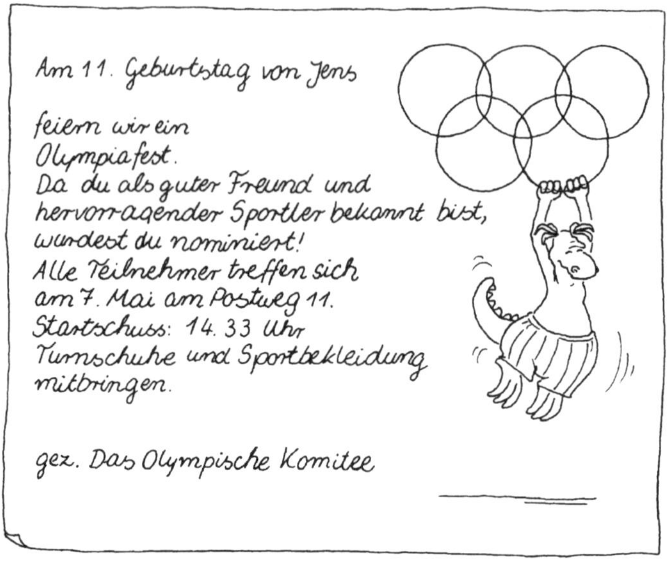

Am 11. Geburtstag von Jens

feiern wir ein
Olympiafest.
Da du als guter Freund und
hervorragender Sportler bekannt bist,
wurdest du nominiert!
Alle Teilnehmer treffen sich
am 7. Mai am Postweg 11.
Startschuss: 14.33 Uhr
Turnschuhe und Sportbekleidung
mitbringen.

gez. Das Olympische Komitee

Wenn die ersten Gäste kommen

Schnell die CD mit Olympiamusik aufgelegt! Die Sportler aus aller Herren Länder werden herzlich begrüßt und dürfen sich eine der Papierflaggen von der Wäscheleine nehmen, die im Flur auf-

gespannt ist, damit jeder weiß, welches Land sie vertreten. Wenn dann die Sportler aus Lappland, Grönland oder Schlaraffenland nebeneinander auf dem Boden Platz genommen haben, verkündet der Vorsitzende des Olympischen Komitees, in welchen Disziplinen gekämpft werden soll.

Falls das Wetter einen Strich durch die Rechnung macht, kann die Olympiade in etwas abgewandelter Form auch im Haus stattfinden.

Medaillen

Dabei sein ist alles! Das weiß jedes Kind. Trotzdem gehört das Medaillengewinnen zum Spielspaß dazu.

Es gibt jeweils Gold-, Silber- und Bronzemedaillen. Man bastelt sie vorher aus Karton oder Wellpappe. Man kann auch Knöpfe lackieren oder alte Groschen mit Goldspray aufwerten. Je nach Lust und Geschick der Veranstalter kann man auch runde Scheiben aus Ton, Gips oder Gießharz anfertigen.

Findet die Olympiade im Freien statt, wird man sie zunächst möglichst realistisch ausrichten und Wettbewerbe im Laufen, Werfen, Hochsprung, Weitsprung, Staffellauf oder auch im Schwimmen durchführen. Am besten geht das natürlich auf einem Sportplatz.

Man kann den Olympiageburtstag auch mit einem Ausflug in die Umgebung verbinden und dabei ein Bad, einen Abenteuerspielplatz, eine Waldwiese, Flussufer oder Ähnliches als Austragungsort wählen.
Man braucht nichts weiter als eine Stoppuhr, einen Wurfgegenstand, ein Seil und Schreibzeug.
Damit der Geburtstag nicht in einen allzu ernsten Leistungswettbewerb ausartet, sollte man auch unernste Disziplinen einführen, bei denen vor allem gelacht werden soll. Wie z. B. bei einer

Hindernislauf (drinnen und draußen)

Je zwei Teilnehmer werden an je einem Arm und Bein eng aneinander gefesselt. Diese »Zwillingspaare« versuchen nach dem Startpfiff um die Wette ans Ziel zu gelangen. Die Siegerpaare bekommen eine Doppelmedaille.

Olympiade im Sackhüpfen (drinnen und draußen)

Vier Teilnehmer aus verschiedenen Nationen steigen in Kartoffelsäcke oder alte Bettbezüge und hüpfen nach dem Startsignal bis zum Ziel um die Wette.

Wagenrennen (draußen)

Je vier Teilnehmer bilden einen griechischen Olympiawagen: Einer steht aufrecht, zwei stehen gebeugt hinter ihm. Sie halten sich an seinen Hüften fest. Der vierte ist der Wagenlenker. Wie beim echten Rennen sollte der Jockey möglichst leicht sein! Er stellt sich auf die beiden Hintermänner und hält sich an den nach hinten ausgestreckten Armen des Vordermannes fest. Es ist gar nicht so einfach den Wagen durchs Ziel zu bringen, ohne dass er auseinander bricht!

Sporttauchen (im Haus)

Man legt einen Apfel in eine Schüssel, die so weit mit Wasser gefüllt ist, dass der Apfel 3-4 cm bedeckt ist. Der Taucher muss die Hände auf den Rücken legen. Die Umstehenden zählen laut bis dreizehn. Bis dahin muss der Taucher den Apfel unter Wasser mit den Zähnen gepackt und hochgeholt haben. Dann darf er ihn essen.

Papierkampf (im Haus)

Hier stehen die Sportler schon in der Zeitung, ehe das Rennen beginnt: Jeder bekommt zwei Hälften einer Zeitungsseite. Darauf stellt er je einen Fuß.

Zwei Sportler gehen immer gleichzeitig an den Start. Als Rennbahn eignet sich besonders ein langer Flur, ein Boden mit Linoleum, Holz- oder Steinbelag. Die Wettkampfgegner müssen nach dem Startsignal die Strecke mit dem Papier »abschlurfen«. Wer als Erster durch das Ziel geht und noch immer beide Füße ganz auf dem Papier hat, ist Sieger.

Affenolympiade (drinnen und draußen)

Die Teilnehmer einer Staffel müssen ihre Fußgelenke mit den Händen umfassen und dann versuchen vom Start bis ins Ziel zu kommen. Wer unterwegs loslässt, wird disqualifiziert. Wer die schnellste Zeit läuft, gewinnt.

Giraffenrennen (draußen)

Giraffen haben langen Beine. Daher werden den Teilnehmern Dosen unter die Füße gebunden. Noch schöner ist es, wenn man zwei Paar Stelzen hat.
Es laufen immer jeweils zwei »Giraffen« gegeneinander.

Radrennen (im Haus)

Viele Familien besitzen ein Trimmrad. Das eignet sich bei Regenwetter vorzüglich für die Zimmerolympiade. Die Teilnehmer müssen jeweils einen Kilometer radeln. Die Zeit wird gestoppt und aufgeschrieben. Es gibt Gold, Silber und Bronze für die besten Zeiten.

Zielen und Werfen (drinnen und draußen)

Man kann mit Magnetpfeilen auf Zielscheiben werfen.
Man kann auf Dosen zielen, Ringe auf Stöcke, Bälle in Eimer werfen. Diese Spiele eignen sich meist auch fürs Haus.
So auch das folgende Fußballspiel:

Fußball-Olympiade (im Haus)

Heute spielt der FC Lappland gegen den SV Wisch. An den beiden entgegengesetzten Wänden eines Raumes mit möglichst glattem Boden stehen die Tore (zwei Stühle). Davor steht der Stürmer, der mit einem Schrubber bewaffnet ist. Der Torwart steht jeweils auf seinem Stuhl. Jetzt wird der Ball *(südd. Putzlappen, nordd. Feudel)* eingeworfen und das Spiel beginnt. Die beiden Stürmer versuchen den Lappen mit dem Schrubber ins gegnerische Tor zu fegen. Der Torwart lauert auf seinem Stuhl und springt herunter, sobald der Lappen in seinen Strafraum kommt. Der »Ball« darf nur mit dem Schrubber gespielt und vom Torwart nur durch Draufspringen vom Tor abgewehrt werden. Der Torwart muss dann sofort wieder auf seinen Stuhl steigen. Handspiel wird gepfiffen und ergibt einen Freistoß, d. h., der Gegen-Stürmer darf seinen Schrubber dann nicht zur Verteidigung einsetzen.

Warnung: Der Putzlappen überlebt das Turnier sicher nicht!

Sportlertanz (drinnen und draußen)

Musik erklingt. Jeder Teilnehmer überlegt sich eine Sportart und beginnt im Takt der Musik die für diese Sportart üblichen Bewegungen auszuführen. Da bricht die Musik plötzlich ab. Alle blei-

ben in einer für ihre Sportart typischen Haltung stehen (Fußball, Golf, Tennis, Reiten, Rudern, Schwimmen usw.).
Einer nach dem anderen darf raten, um welche Sportarten es sich bei den anderen handelt.
Variante: Man kann ausgefallene Sportarten auf kleine Zettel schreiben und jeder muss dann die gezogene Sportart darstellen, »wenn der Tanz losgeht«.

Keksstaffel (drinnen und draußen)

Es werden zwei Mannschaften gebildet. Das Sportgerät sind zwei Schachteln Kekse. Nach dem Startsignal darf jeweils der Erste der Mannschaft das Kekspäckchen aufmachen, einen Keks herausholen und essen. Ist er fertig, muss er laut und »sauber« pfeifen. Dann kommt der Nächste dran: Keks herausholen, kauen, schlucken, pfeifen. Das geht so lange, bis die Packung leer ist.

Achtung: Nicht lachen, sonst kann man nicht pfeifen.
Wer schafft die meisten Pfiffe? Gutes Schiedsrichter-Training!

Aber natürlich bekommt nicht nur die Keksstaffel etwas zum Futtern! Wann das Sportlerbankett stattfindet, weiß das örtliche Olympische Komitee am besten selbst. Irgendwann zwischen einer Siegerehrung und einem neuen Spiel ist es so weit.
Natürlich wählt man möglichst gesunde Kost und wenig Süßigkeiten. Das versteht sich bei Sportlern von selbst. Da Sportler immer durstig sind, muss man sich reichlich mit Getränken eindecken.
Wie wär's mit Spezialitäten aus anderen Ländern?
Vielleicht kocht ja die italienische Mannschaft Spagetti oder backt Pizza. Das mögen alle!

Schlaukopf-Olympiade

Damit auch die sportlich weniger Begabten zu ihrem Recht kommen, kann man einen Teil des Festes als »Schlaukopf-Olympiade« durchführen. Wettkampfgeräte (Bleistift und Papier) sollten in ausreichender Menge bereitliegen.
Die Fragen sind, wenn man sie sich ein paar Tage vor dem Fest mit noch kühlem Kopf überlegt, rasch zusammengestellt. Hilfreich dabei sind:

- ❑ ein Quizbuch aus der nächsten Bücherei
- ❑ ein Frage- und Antwortspiel (z. B. Trivial Pursuit)
- ❑ das Sachkundeheft oder Lexikon

- aktuelle Ereignisse aus der Tageszeitung
- vielleicht auch die unten angeführten Beispiele

Die Fragen und Sachgebiete müssen auf das Alter der Gäste abgestimmt sein. Nachfolgend einige Modellfragen, die mit 9- bis 10-Jährigen bei einer Schlaukopf-Olympiade ausprobiert wurden. Jeder Teilnehmer bekam einen vorbereiteten Fragebogen, der auszufüllen war. So war auch die Punktebewertung leicht vorzunehmen. Die Denksportler waren mit Ehrgeiz bei der Sache. Natürlich gibt es auch hier Gold, Silber und Bronze zu gewinnen, denn Nachdenken ist eine ebenso schwierige Disziplin wie Marathonlauf oder Sackhüpfen.

Olympia-Quiz zum X. Geburtstag von Jens

Name des Teilnehmers: _______________

Nation: _______________

Wie viele Länder gehören zu Europa?

20, 31 oder mehr? _______________

Nenne 5 europäische Länder, in denen es noch einen König oder eine Königin gibt _______________

Wie heißt der letzte Fußballweltmeister? _______________

Wie heißt der höchste Berg Europas? _______________

In welcher Stadt steht der Petersdom? _______________

Wie heißt der Präsident von Amerika? _______________

Wie heißt der Bundeskanzler? _______________

In welchem Bundesland liegen Nürnberg, Köln, Dresden?

____

Nenne vier Laubbäume, drei Waldtiere und zwei Fischarten

____

Nenne drei Namen von Olympiasiegern _______________

Nenne ein Tier mit sechs Beinen _______________

Nenne drei Vornamen mit K _______________

Nenne vier Städte mit H _______________

Nenne sieben Sachen, die ein Magnet anzieht _______________

Nenne drei Kinderbuchautoren _______________

Nenne drei deutsche Komponisten _______________

Was gehört nicht dazu? Den falschen Begriff streichen:

1. Schmetterling, Nashorn, Giraffe, Krokodil, Löwe, Zebra

2. Zahnpasta, Ketschup, Creme, Butter, Zahnbürste
3. gelb, lindgrün, süß, zartlila, himbeerrot

4. Heft, Bleistift, Federmäppchen, Radiergummi, Kaugummi
5. Antenne, Schraubenzieher, Laternenpfahl, Brot, Geldstück, Dose, Ring
6. Stuhl, Ruderboot, Baumstamm, Holzbrett, Eisenbahnschiene, Blockhaus

Denkaufgaben:

Der Rennläufer

Ein Rennläufer trainiert täglich die Strecke zwischen seinem Haus und dem Olympiastadion. Für den Heimweg braucht er 70 Minuten. Aber wenn er wieder zurückläuft, braucht er für die gleiche Strecke eine Stunde und 10 Minuten. Wie ist das möglich?

Die Olympiamedaille

Klaus-Heinrichs Großvater ist Münzsammler. Er hat eine Olympiamedaille mit der Aufschrift *Kaiser Augustus XVI v. Chr.* Ist das möglich oder schwindelt Klaus-Heinrich?

Der tückische Wecker

Müde vom Training, sinkt ein Sportler ins Bett. Es ist zwar erst 20 Uhr, aber er hat am nächsten Tag einen wichtigen Wettbewerb

und muss ausgeschlafen sein. Er stellt seinen Alarmzeiger auf 9 Uhr, weil der Wettkampf um 11 Uhr beginnt. Wie viele Stunden kann der Sportler schlafen, ehe ihn sein Wecker weckt?

Lösung/Denkaufgaben:

Der Rennläufer: 70 Minuten = 1 Stunde und 10 Minuten!

Die Olympiamedaille: Die Aufschrift 16 vor Chr. ist natürlich unmöglich, weil da noch kein Münzpräger von Christi Geburt wusste!

Der tückische Wecker: Der Sportler kann leider nur 1 Stunde schlafen, weil der Wecker um 21 Uhr klingelt.

Wenn rein olympisch gesehen alles gelaufen ist, ist sicher auch gegen eine Bereicherung der kulinarischen Disziplin nichts einzuwenden.

Leicht zuzubereiten ist dieser olympische Sommersalat. Er schmeckt sehr frisch und lecker!

Sommersalat (8 Personen)

☞ *Zutaten:*
☞ 350 g gekochter Schinken
☞ 5 harte Eier
☞ 2 saure Äpfel
☞ 1 Glas Sellerie
☞ 1 große Dose Ananas
☞ 1 mittelgroße Dose Mais
☞ 1 Stange Lauch
☞ *für die Soße:*
☞ 1 Becher Sahne
☞ 1 Glas Jogurt-Majonäse
☞ 8 Esslöffel Ananassaft
☞ Schinken, Äpfel, Sellerie, Ananas und besonders den Lauch(!) sehr fein schneiden. Mais und klein geschnittene Eier darübergeben.
☞ Die Sahne für die Soße leicht anschlagen, mit der Jogurt-Majonäse und dem Ananassaft gut verrühren. Dann über den Salat geben, vermischen und mindestens 24 Stunden ziehen lassen.
☞ *Achtung: Kein Pfeffer, kein Salz, kein Essig oder Öl!*
Guten Appetit!

Das Jahrmarktsfest

für Gaukler, Zauberer, Hellseher und andere Illusionskünstler

Einladung:

Du kannst Luftballons aus Buntpapier reißen oder aus Filz ausschneiden und auf Papier oder Wellkarton kleben. Das sieht sehr hübsch aus! Gemalte Luftballons bekommen Schnüre mit Filzschreiber verpasst. Bei geklebten Luftballons kann man Fäden oder Schnürchen darunter kleben und bündeln. Ganz geschickte Künstler malen einen Luftballonverkäufer dazu.

Textvorschlag:

Wenn die ersten Gäste kommen

Ganz gleich, ob das Fest auf dem Dachboden, im Kinderzimmer oder im Freien stattfindet, wichtig ist, dass die Gäste gleich entsprechend begrüßt und zum Mitmachen angeregt werden. Vielleicht kannst du irgendwo Drehorgelmusik (CD, Kassette) auftreiben?

Der Jahrmarkt ist ein »Markt«. Da wird schon seit alten Zeiten gehandelt und verkauft. Auf dem Markt gibt es nichts umsonst und man kann auch nicht mehr Geld ausgeben, als man hat. Deshalb bekommt zur Begrüßung jeder sein Jahrmarktsgeld: ein Päckchen Schusser, Perlen oder Glasmurmeln. Das ist in kleinen Säckchen, die man um den Hals hängen kann.

Auch die Preise, die an der Wurfbude oder bei anderen Wettspielen gewonnen werden können, werden in Perlenwährung (Euro-Perls) ausgezahlt. Das ist praktisch, denn beim Jahrmarkt geht es heiß her und es gibt so weniger klebrige Hände und verdorbene Mägen, als wenn es Schokoriegel oder andere Süßigkeiten zu gewinnen gibt.
Bernd Hövelmann, Würstelbrater und Marktorganisator, erklärt die Buden und Darbietungen, die die Jahrmarktsgäste erwarten.
Falls Zauberer und Wahrsagerin vorgesehen sind, sollte man die dafür vorgesehenen Kinder (vielleicht das Geburtstagskind selbst?) schon vor dem Fest mit ihrer Rolle vertraut machen. Alles andere kann improvisiert werden.

Die Wurfbude (Geschicklichkeitsspiel)

Leere Getränkedosen, Jogurtbecher, Milchdosen o. Ä. werden zu einer Pyramide aufgebaut. Jeder, der mit einer Perle bezahlt hat, darf dreimal werfen. Gelingt es ihm die Dosen umzuwerfen, bekommt er zwei Perlen zurück. Wirft er alle Dosen mit einem Wurf um, dann bekommt er fünf Perlen.

Varianten:

- Man kann Wollknäuel, Tennisbälle, Papierkugeln usw. in Plastikeimer oder Papierkörbe werfen lassen.
- Man kann Ringe über Stöcke werfen.
- Geschickte Bastler können Pappgesichter auf Kartons malen und die Münder ausschneiden. Die Bälle müssen in die offenen Münder geworfen werden.

Karussellfahrt (Bewegungsspiel)

Wer es besonders stilecht machen möchte, lässt jetzt den Drehorgelmann auftreten. Die Hövelmanns haben einen Pappkarton bunt beklebt und mit einer Kurbel versehen. In seinem Inneren ist ein Kassettenrekorder oder ein CD-Player versteckt, der Karussellmusik spielt. Der Karton hat hinten ein Loch, damit man den Rekorder bequem ein- und ausschalten kann.

Der Leierkastenmann legt los. »Einsteigen, meine Herrschaften! Platz nehmen zur ersten Fahrt!«

Jeder, der eine Perle bezahlt hat, darf ins »Karussell« einsteigen. Es besteht aus Kissen, die im Kreis ausgelegt sind. Genau so viele wie Teilnehmer da sind. Die Musik beginnt und die Kinder laufen im Kreis herum. Sobald die Musik aufhört, setzen sie sich auf einen der »Karussellsitze«. Bei der zweiten Runde wird ein Sitz »ausgehängt«. Das Kind, das keinen Sitzplatz erwischt, muss ausscheiden. Das geht so lange, bis nur noch ein Kind übrig ist. Der Sieger bekommt fünf Perlen.

Wettrennen (Geschicklichkeit)

Im Hippodrom, der Reitbahn, findet ein Wettrennen statt. Startgeld: eine Perle. Pferdchen aus Pappdeckel (Umschläge von alten Heften oder Zeichenblöcken) werden an Bindfäden gebunden. Jeder Jockey bekommt ein Bindfadenende in die Hand. Beim Kochlöffel-Gong starten die Rennpferde. Die Schnur muss möglichst rasch um einen Bleistift gerollt werden. Das Pferd, das die Ziellinie zuerst überschreitet, hat gewonnen.
Man kann die Ziellinie auch in die Höhe verlegen: Dann hängt man die Pferdchen über eine gespannte Wäscheleine. Die Reiter bekommen das Ende des Fadens in den Mund und müssen nun

das Pferd vom Boden bis zur Wäscheleine »hochessen«, das heißt so rasch wie möglich nach dem Faden schnappen und ihn in den Mund holen. Der Sieger bekommt die ausgesetzte Perlenprämie. (Vorschlag: 3 Perlen)

Autoskooter (Geschicklichkeit, Bewegung)

Autoskooter sind eine beliebte Rummelplatzattraktion. Findet das Fest im Freien statt (Hof, Spielstraße, Spielplatz), kann man mit allen in der Nachbarschaft verfügbaren Kettcars, Skateboards, Fahrrädern, Dreirädern ein Geschicklichkeitsrennen veranstalten. Es ist gar nicht so einfach einen Slalom durch aufgestellte Dosen, Bierkästen oder Waschpulverkartons zu fahren.

Wer nichts umgeworfen hat, bekommt eine Prämie.

Bei lauter geschickten Fahrern kann man natürlich auch die Zeit stoppen. Oder: Eine Fahrt kostet eine Perle und wer nichts umwirft, bekommt zwei zurück.

Variante:

Findet das Fest im Haus oder in der Wohnung statt, kann man mit den Kindern aus bereitgestellten Kartons »Autos« basteln. Sie steigen in die oben und unten offenen Kartons und halten sie in Hüfthöhe fest. An den Kühlern werden aufgeblasene Luftballons befestigt. Beim Startsignal fahren die Autos los. Sie rumpeln natürlich aneinander, wie es auf dem Jahrmarkt üblich ist. Dabei zerknallen die Luftballons. Der Autofahrer, der am Ende noch seinen Luftballon hat, bekommt den Rallye-Pokal.

Angelstand (vorbereiten)

Für kleinere Gäste ist die lustige Angelei gedacht:
Man befestigt Büroklammern an verschiedenen Pappbildern oder an Bildern, die man aus Katalogen oder Illustrierten ausgeschnitten hat. Die legt man in einen Topf (Eimer) und die Kinder

dürfen mit einer Angel, an der ein kleiner Magnet befestigt ist, die verschiedenen Gegenstände herausangeln.
Natürlich gibt es Preise für die erfolgreichsten Angler.
Sind die Kinder alt genug, kann man »Prominentenköpfe« angeln lassen, die man aus Illustrierten ausgeschnitten hat, und die Kinder dürfen raten, wen sie da an Land gezogen haben.

Der Wurstmaxe (für den Hunger)

Inzwischen sind die ersten Gäste hungrig geworden. Das ist der richtige Zeitpunkt für den Auftritt des Wurstmaxen. Papa Hövelmann hat längst den Grill vorgeheizt und ist in die Rolle des Würstelbraters geschlüpft. Er verkauft für eine Perle die leckersten Würstchen des Jahrmarkts! Senf und lustige Sprüche gibt es gratis dazu.
Tipp: Kleine Würstchen machen mehr Spaß als Riesenbockwürste. Und vielleicht backt euer Bäcker auf Bestellung kleine Brötchen?

Die Getränkebude (für den Durst)

Wenn der Wurstmaxe seinen Stand aufmacht, dann ist auch der richtige Zeitpunkt für die Getränkebude gekommen. Man richtet sie am besten hinter einem Bügelbrett, auf einem Gartentisch oder Küchentisch ein. Pappbecher oder Jogurtbecher sollten in ausreichender Menge vorhanden sein. Man kann auch Dosen oder kleine Flaschen mit Trinkhalmen anbieten.

Tipp: Nicht nur süße Limonaden anbieten, sondern auch Fruchtsäfte, verschiedenfarbige Tees in Sprudelflaschen, eisgekühlt und mit Zitrone, das sieht nicht nur schön aus, sondern schmeckt auch gut.

Der Waffelbäcker (Waffelteig vorbereiten)

Mhm! Claudias Waffeln duften kilometerweit! Den Teig hat Mama schon am Tag davor zubereitet. Ein zweites Waffeleisen hat sie sich von Nachbarn ausgeliehen, damit es schneller geht. Besonders für berufstätige Eltern ist die Waffelbäckerei eine angenehme Alternative zum Kuchenbacken. Waffelbacken ist kinderleicht und sicher macht eins der Gäste gern für eine Weile den Waffelbäcker.

Der Eismann (Erfrischung)

Irgendwann zwischendurch, wenn es am heißesten hergeht, ist der richtige Zeitpunkt für den Auftritt des Eismanns. Eine weiße Mütze aufgesetzt und eine Kühltasche umgehängt: Er wird sich über Zulauf nicht beklagen.
Tipp: Die teuerste Haushaltspackung ist nicht so beliebt wie das billigste »Eis am Stiel«. Daher sollte der Eismann sich gut damit eindecken.

Der Zauberer (vorbereiten)

Wenn alle satt sind und vielleicht auch ein bisschen müde gezappelt, dann sollte sich der Zauberer seinen Umhang umlegen, seinen Zylinder aufsetzen und einige gut vorbereitete Zaubertricks vorführen. Begeistert wird man seine Karten- und Würfeltricks oder die verblüffenden Beispiele aus dem Zauberkasten bestaunen.

Tipp: Es gibt preiswerte Taschenbücher mit Zaubertricks, und in allen öffentlichen Bibliotheken sind die Jugendbuchabteilungen reich mit »Zauberbüchern« ausgestattet. Wenn jemand Spaß daran hat, kann man diese Nummer sehr effektvoll ausgestalten.

PS: Der Zauberer kann auch beim Künstlerfest wirkungsvoll auftreten!

Die Wahrsagerin (vorbereiten)

Eine Wahrsagerin gehört auf jeden Jahrmarkt! Heute gibt es sie oft nur noch in Form eines Automaten oder Computers. Unsere Wahrsagerin ist aus Fleisch und Blut. Vielleicht ist es das Geburtstagskind selbst oder sonst jemand, der Spaß daran hat, die anderen ein wenig an der Nase herumzuführen. Rasch hat man die »Hellsichtige« mit Sonnenbrille, Schultertuch und Faschingsperücke

verkleidet. Noch ein Paar Ohrringe und schon sieht Svenja nicht mehr wie Svenja aus.
Sie sieht den Kunden tief in die Augen, prüft fachkundig die Handlinien, blättert in Spielkarten, wiegt bedenklich ihr Haupt und verkündet dann ihre Weisheiten.

Hier einige Beispiele:

- Du wirst im nächsten Jahr einen Zahn verlieren.
- Du wirst am 13. Juli von einer Mücke gestochen.
- Du wirst am 30. Februar den Mann fürs Leben kennen lernen.
- Du wirst mit siebzehn Jahren an einem Nagel hängen bleiben und deine Hose zerreißen.
- Du wirst am 11. November um Mitternacht eine Gänsehaut bekommen.
- Der FC Schweinfurt sucht dich als Maskottchen aus.
- Du wirst im Urlaub am Nil von einem bärtigen Krokodil gebissen werden usw.

Sehr beliebt ist auch folgendes Zukunftsspiel: Die Wahrsagerin verspricht geheime Wünsche zu erraten, wenn der Betreffende eine Zahl zwischen 1 und 11 nennt. Man kann den Kunden auch mit drei Würfeln würfeln lassen. Die Wahrsagerin sieht in ihrem Zukunftsbuch nach, in dem sie einige Listen vorbereitet hat.
Hier sind vier Beispiele für solche Listen, auf die die Wahrsagerin sicher gern zurückgreifen wird, wenn keine Zeit für eigene Vorbereitung war:

Ich errate deine geheimen Wünsche.

Nenne eine Zahl zwischen 1 und 11!

1. einmal Svenja küssen
2. ein Schnitzel mit Pommes frites
3. eine nasse Hose
4. ein Gespenst mit Knoblauchzehen
5. einen Schimpansen als Freund
6. ein Tatoo am Po
7. ein Gesicht wie ein Kamel
8. ein Tag mit Michael Jackson
9. Fußballschuhe mit Motor
10. ein Tag mit Asterix
11. Strümpfe, die nach Rosen duften usw.

Du wirst eine Reise machen. Ich verrate dir, mit wem.
Nenne eine Zahl zwischen 1 und 11!

1. deinem/r LehrerIn
2. Robin Hood
3. (Name eines der anwesenden Kinder)
4. einem Schneemann
5. dem Nikolaus
6. Albert Einstein
7. einem grünen Marsmännchen
8. einem lila Meerschwein
9. einer guten Fee
10. Pippi Langstrumpf
11. Winnetou

Ich verrate dir, wie du reisen wirst.
Nenne eine Zahl zwischen 1 und 11!

1. im Beutel eines Kängurus
2. in einer Rakete
3. in einem U-Boot
4. auf einem fliegenden Drachen
5. auf einem stinkenden Mistwagen
6. im Fesselballon
7. mit dem Rasenmäher
8. auf dem Hexenbesen
9. mit einer fliegenden Untertasse
10. mit der Geisterbahn
11. auf einer kleinen weißen Wolke

Ich verrate dir, wohin du reisen wirst.
Nenne eine Zahl zwischen 1 und 11!

1. auf den Mond
2. nach Buxtehude
3. in die Antarktis
4. in die Tiefen der Erde
5. ins Reich der Wilden Affen
6. ins Schlaraffenland
7. aufs Bikiniatoll
8. Tauchfahrt zur Titanic
9. auf die Schatzinsel
10. nach Kalkutta am Ganges
11. in den Urwald zu Tarzan

Kasperletheater (vorbereiten)

Jüngere Kinder sind vor allem im zweiten Teil des Festes, wenn sie schon etwas müde sind, immer wieder vom Kasperle oder Marionettentheater begeistert. Falls nicht genügend ältere Kinder als Puppenspieler zur Verfügung stehen und die Mutter auch nicht mehr auf dem Höhepunkt ihrer schöpferischen Phantasie ist, weil das Fest ziemlich anstrengend war, hilft folgender Trick: Man spricht das Kasperlestück vorher auf Kassette und braucht nun nur noch die Figuren dazu zu bewegen.

Geisterbahn (Material vorbereiten)

Kinder ab 8 oder 9 werden begeistert bei der Sache sein, wenn sie aus dem Kinderzimmer (Klassenzimmer), Hobbyraum oder Dachboden eine Geisterbahn machen dürfen. Der Raum sollte schummrig oder zu verdunkeln sein. Man spannt Wäscheleinen, über die man Laken hängt. Mit Besenstiel, Tapetenresten, Kartons, Wäscheklammern, Schnüren, Taschenlampen, einem nassen Schwamm, schauriger Musik, Fäden, die von oben herunterbaumeln und sich wie Spinnweben anfühlen, lässt sich eine herrliche Geisterbahn bauen.

»Gefahren« wird, indem man die Kunden mit verbundenen Augen durch die Schauerlandschaft führt. Sie müssen über Stühle steigen, unter Tischen hindurchkrabbeln, über nicht vorhandene Gräben springen usw. Man kann ihnen natürlich unterwegs in glühenden Farben alle Schrecken schildern.

Eventuell kann man auch Skateboards mit Sitzkissen als Geisterwagen nehmen.
Die Geisterbahn muss nicht vorher hergerichtet werden, sondern ein Teil der Kinder kann sie aus dem bereitgelegten Material für die anderen aufbauen. (Feiert man das Jahrmarktsfest im Rahmen eines Schulfestes, kann eine Klasse die Geisterbahn für die anderen Klassen aufbauen.)

Die Losbude (vorbereiten)

Die Losbude wird erst geöffnet, wenn das Fest zu Ende geht. Es werden Lose gezogen, die jeweils für eine Perle gekauft werden können. Man kann sich aussuchen, ob man seine Perlen behalten oder gegen eine Glückschance eintauschen will. Es gibt möglichst keine Nieten. Aber auch keine übertrieben teuren Gewinne. Auch hier liegt es ein wenig an der Phantasie der Gastgeber. Es gibt vielleicht neben Süßigkeiten und kleinen Gegenständen auch Lose, auf denen Aufgaben stehen, die zu lösen sind oder die zu Forderungen an andere berechtigen.

Beispiele:
Der, dem du diesen Zettel zeigst, muss ein Loblied auf dich singen, dir eine Blume pflücken, ein Schiffchen aus Papier für dich falten, dich nach Hause bringen, dich am nächsten Tag vom Pausenbrot abbeißen lassen, dir die Füße küssen, ein Bild von dir malen, dir eine neue Frisur empfehlen, einen Kuchen für dich backen, usw.
Art und Inhalt dieser »Gewinne« hängen natürlich entscheidend vom Alter, den Interessen und Fähigkeiten der Gäste ab.

Man kann »Scherzgewinne« großartig anpreisen:

- Eine Reise zu zweit (Busfahrscheine)
- Einen Ballonflug (Luftballon wird aufgeblasen)
- Eine Filmrolle (leere Kleinbildfilmrolle)
- Eine Schreibmaschine (Bleistift)
- Eine Schlange (Luftschlange)
- Ein altes Schloss (Vorhängeschloss)
- Ein Rad (von einem alten Spielauto oder man schlägt ein Rad) usw.

Sicher wird gespannt auf die tollen Gewinne gewartet und der Spaß ist groß, wenn sich herausstellt, was wirklich dahintersteckt. An einem heißen Sommertag freuen sich die Jahrmarktbesucher sicher über eine große Schüssel rote Grütze mit Vanilleeis.

Fixes Zauberrezept für rote Grütze (8 Personen)

(Am Jahrmarktsfest darf es schnell gehen!)

Dr. Oetker Rote Grütze Fertigpulver für 1-2 l Wasser (oder Saft) mit dem Zucker nach Anweisung anrühren und in das kochende Wasser geben. Unter Rühren aufkochen.
Die gewaschenen frischen oder tiefgefrorenen vorwiegend roten Früchte (Johannisbeeren, Himbeeren, Blaubeeren, Stachelbeeren) in die Grütze hineinrühren. Eine ungespritzte Zitronenschale mitkochen. Mit Zitronensaft abschmecken.
Einmal kurz aufkochen und dann in einer oder zwei großen Schüsseln kalt stellen. Die Früchte sollten nicht ganz verkocht, sondern noch etwas sichtbar sein.
Dazu: eine Haushaltspackung Vanilleeis.
Das schmeckt!

Das Pappstadtfest

für Baumeister, Architekten und andere konstruktive Leute

Das Pappstadtfest, findet Bonzo, war wirklich nicht von Pappe, obwohl wir es in einer turbulenten Umzugswoche feiern mussten. Man braucht nicht viel Vorbereitung, kann viel improvisieren und das nötige Material ist leicht zu beschaffen. Es ist ein Spiel- und Bastelfest.

(Das Fest eignet sich gut für Klassenfeste!)

Einladung:

Die Einladung sollte diesmal möglichst groß ausfallen. Wir haben sie auf kleine weiße Zettel geschrieben und diese auf riesige Pappkarton-Stücke geklebt.

Textvorschlag:

Wenn die ersten Gäste kommen

Für dieses Fest braucht man etwas Platz und es eignet sich besonders für den Garten. Ein Hobbykeller oder eine leere Garage machen es zum wetterunabhängigen Festspaß. Wenn die ersten Gäste kommen, bekommt man leicht einen Schock, denn sie schleppen vermutlich allerhand Sperrmüll ins Haus. Man zeigt den Kindern, wo sie das mitgebrachte Baumaterial abladen können. Dann dürfen sie durch einen leeren Karton hindurch ins Haus schlüpfen.

Begrüßung durch den Baumeister

Wenn der letzte Gast endlich da ist, kommt der Baumeister von Pappstadt zu Wort. Ein falscher Bart, eine tolle Brille, Bleistift hinterm Ohr, Papierrolle unterm Arm – sähe schon ganz gut aus. Ob sich Papa, Mama, der große Bruder oder das Geburtstagskind selbst dahinter verbirgt, spielt keine Rolle. So ähnlich kann der Baumeister seine Rede beginnen:

Liebe Gäste und Mitarbeiter,

heute soll hier an einem Nachmittag eine ganze Stadt gebaut werden. Das ist ein auf der ganzen Welt einmaliges Ereignis. Deshalb haben wir die besten Architekten und Baumeister der umliegenden Straßen und Länder eingeladen, damit sie uns helfen.

Zuerst müssen wir den Bebauungsplan besprechen.
Wir brauchen eine Kirche, ein Rathaus, ein Feuerwehrhaus, eine Schule, einen Kindergarten, einen Wasserturm, Postamt, Polizei, Wohnhäuser ... Habt ihr eine Idee, was uns sonst noch fehlt ...?

Jetzt wartet der Baumeister auf Vorschläge. Anna findet, dass ein Gasthaus und ein Hotel dabei sein müssen. Karli schlägt eine Bank und ein Gefängnis für die Bankräuber vor. Für die Schule kann sich allerdings in den Ferien keine Mehrheit finden.
Jetzt werden die Teams zusammengestellt. Immer zwei oder drei dürfen sich ein Objekt aussuchen, das sie bauen wollen.
Da bei uns ältere und jüngere Kinder anwesend waren, wurden die jüngeren zu Architekten bestimmt, die sich jeweils einen kräf-

tigen und geschickten Baumeister auswählen durften. So waren die Aufgaben gerecht verteilt. Dann ging es zum Bauhof (unsere Garage). Dort war das Baumaterial gestapelt: eigene und von den Gästen mitgebrachte Kartons, Waschpulvertrommeln, Tapetenreste, Kleister, einfache Borstenpinsel, Plaka- und Fingerfarben, alte Malkästen, leere Marmeladengläser für Wasser und Pinselreinigung, Schere, Tesafilm, ein Eimer mit Wasser zum Händewaschen.

Architekt und Baumeister suchten unter lautem Geschrei die für ihr Gebäude am geeignetsten Fertigbauteile aus.

Dann ging es ans Schneiden, Kleben, Malen. Was dabei herauskam, war wirklich beachtlich. Schon nach zehn Minuten standen die meisten Gebäude im Rohbau. Innerhalb einer Stunde stand die neue Stadt fix und fertig auf der Wiese. Einige Teams hatten zwei und mehr Häuser gebaut.

Der Baumeister taufte die Stadt auf den Namen »Pappstadt«. Für die Bauleute gab es einen Umtrunk und einen zünftigen Imbiss. Man konnte dabei wie Gulliver als »Riese« durch die Straßen der kleinen Stadt laufen und das Richtfest feiern.

Das Städte-Wettspiel

Jetzt meldet sich der Baumeister zu Wort und behauptet, dass die neue Stadt so schön geworden ist, dass sich die beiden Nachbar-Großstädte um ihre Eingemeindung bemühen. Der Streit um Pappstadt sollte in einem Wettkampf entschieden werden.

Die Festgäste werden in zwei Mannschaften aufgeteilt. Die beiden Jüngsten wählen im Wechsel je einen Spieler für ihre Mannschaft aus.
Die Mannschaft A bekommt blaue, die Mannschaft B rote Armbinden.
Dann geht es an den Start. Zwischen den Häusern von Pappstadt liegt das Spielfeld.
Eine Wanne mit Wasser befindet sich am Wasserturm auf der einen Seite, zwei leere Eimer beim Feuerwehrhaus auf der anderen Seite der Stadt.

1. Spiel: *Feuerlöschen*

Es brennt in Pappstadt. Aber der Feuerwehr ist das Wasser ausgegangen. Die Feuerwehrmannschaften der Städte A und B holen um die Wette Wasser vom Wasserturm und tragen es in einem Suppenteller zum Feuerwehrhaus, wo sie es in die Eimer schütten. Nach einigen Minuten ertönt der Schlusspfiff. Dann wird gemessen, wer mehr Wasser herbeigeschafft hat.
Mit einem Litermaß wird es vom Schiedsrichter vor den Augen aller nachgemessen und danach auf die Blumen gegossen.

Die Siegermannschaft freut sich: Das gibt zwei Punkte.
(zwei Tennisbälle oder Bonzo-Orden)

2. Spiel: *Steineschleppen*

Wieder ist Pappstadt die Kulisse. Während zwei von der A-Mannschaft siebenmal mit der Kirche ums Dorf laufen, sucht die B-Mannschaft Steine und wirft sie in einen Eimer. Danach geht es umgekehrt. Wer die meisten Steine im Eimer hat, bekommt wieder zwei Punkte.

3. Spiel: *Ballonturnier*

Die Spieler beider Mannschaften bekommen einen Luftballon in der Mannschaftsfarbe ans Bein gebunden. Jeweils drei kämpfen gegeneinander. Sie müssen versuchen den eigenen Ballon bis zum Schlusspfiff über die Runden zu bringen und gegnerische Ballons zu zertreten. Das geht so lange, bis die zwei oder drei letz-

ten Ballonbesitzer gegeneinander antreten oder nur noch eine Mannschaft Ballons besitzt. Auch hier bekommt die Siegermannschaft wieder zwei Punkte.
Zum Trost für die Verlierer und weil allen heiß ist, kommt jetzt der Baumeister mit Eis und Getränken.

4. Spiel: *Glockenschlagen*

Natürlich wissen die Pappstädter, was es geschlagen hat! Sie haben sogar zwei Kirchturmglocken! Die Kirche wird an einen günstigen, leicht erreichbaren Ort gestellt. Die Glocken rechts und links davon an Stöcke gehängt (zwei Kochtöpfe und zwei Kochlöffel). Jede Mannschaft stellt sich in einer Staffel auf. Der erste Spieler rennt zur Kirche, läutet die Glocke (haut auf den Topf) und kommt zurück. (Wenn die Kinder noch nicht müde sind, kann man sie auf halber Strecke einen Purzelbaum machen lassen.) Dann startet der zweite Spieler.

Wenn die ganze Staffel durch ist oder wenn der Schlusspfiff ertönt, steht der Sieger fest: Die schnellste Mannschaft bekommt wieder zwei Punkte.

5. Spiel: *Schreibspiel »Musikfestival«*

In Pappstadt soll ein Musikfestival stattfinden. Wer soll eingeladen werden? Es müssen lauter Leute sein, *die mit Musik zu tun haben*. Also Popstars, bekannte Komponisten, Opernsänger, der Musiklehrer usw.

Jede Mannschaft bekommt einen langen unbeschriebenen Zettel und bestimmt einen Schreiber.

Nach dem Startpfiff sollen möglichst viele Namen (Anwesende ausgeschlossen) aufgeschrieben werden.

Schlusspfiff nach 5 oder 10 Minuten.

Welche Mannschaft hat die längste Gästeliste?

Das ergibt wieder 2 Punkte.

6. Spiel: *Brückenspiele*

Durch Pappstadt fließt ein reißender Fluss, die Pappe. Man kann ihn zwar nicht sehen, aber man hat ja Phantasie. Aus zwei Sprudelkästen (bzw. Hockern, Eimern) und einem Brett wird eine Brücke über diesen Fluss gebaut. Daneben eine zweite Brücke für die Gegenmannschaft. Über diesen Brücken lassen sich verschiedene Wettspiele austragen:

- mit den Händen an die Fußgelenke fassen und darüber balancieren,
- mit einer Kartoffel auf dem Löffel,

- mit einem Mund voll Wasser, die Gegner versuchen einen zum Lachen zu bringen,
- mit einem Buch auf dem Kopf,
- mit einer Hand voll Sand usw.

Zwischen Brücke und Ziel können je nach Alter der Kinder noch Hindernisse oder Aufgaben eingebaut werden.
Die Mannschaften feuern sich gegenseitig begeistert an und am Ende wird verglichen:
Wo sind die wenigsten »ins Wasser« gefallen?
Wer hat am meisten Wasser, Sand, Kartoffeln, Bücher hinübergetragen?
Für die Siegermannschaft gibt es wieder zwei Punkte.

Jetzt gibt es Erfrischungen – und eine Denkpause, denn Pappstadt hat ein großes Problem: Es braucht einen Bürgermeister!

Wahlkampf mal anders

Jede Mannschaft sucht nach einem Bürgermeister-Kandidaten in den eigenen Reihen. Dieser muss in einer Wahlrede von seinen Leuten besonders angepriesen werden:
Vielleicht ist er tierlieb, hat einen Leberfleck, ist blauäugig, besonders schön, isst gern Kartoffelsalat, erlässt die Hundesteuer, stiftet drei schulfreie Tage und ein Eis pro Woche usw. usw.
Es ist sehr lustig, wenn die jeweiligen Mannschaften immer mehr

Vorteile an »ihrem« Kandidaten entdecken. Die Wahl fällt schwer. Denn im Gegensatz zum Wahlkampf der großen Leute, wo alle den Gegner schlecht machen, darf hier nur gelobt werden. Welcher der vorzüglichen Persönlichkeiten gibt man den Vorzug?

Vorschlag: Man wählt das Geburtstagskind zum Bürgermeister.

Die Punkte der Wettspiele hat der Schiedsrichter inzwischen zusammengezählt.

Der neu gewählte Bürgermeister verleiht die Urkunde der Eingemeindung an das Siegerteam.

Und dann wird weitergefeiert, bis es dunkel wird.

Und wohin mit dem »Sperrmüll«?, wird sich mancher besorgte Festplaner fragen.

Wir haben als letzte »Überraschung« die Häuser am Ende des Festes verlost. Jeder durfte eines mit nach Hause nehmen!
Da unsere Geburtstagsgäste in der Nachbarschaft wohnten, haben wir die Häuser mit Teelichtern beleuchtet und wie große Laternen durch die Straßen getragen. So haben wir die müden Pappstadtfest-Gäste sicher nach Hause gebracht.

Das Indianerfest

für Cowboys, Trapper, Fallensteller, Sheriffs, Scouts, den besten Gästen aus dem Wilden Westen

Einladung:

In der Einladung steckt eine bunte Feder, die zum Fest als Erkennungszeichen mitgebracht werden soll. Wer gut malen kann, verziert die Einladung mit Tipis, Friedenspfeife, Tomahawk, Federschmuck usw.

Das Indianerfest eignet sich besonders für sportliche Spiele im Freien. Bei schlechtem Wetter gibt es als Notlösung Alternativen für Spiele im Haus.

Textvorschlag:

Wenn die ersten Gäste kommen

Sie werden von Häuptling Kris-Tof oder seinen Stammesältesten begrüßt. Man hockt im Halbkreis drinnen oder draußen auf dem Boden und hält erst einmal Kriegsrat. Schließlich muss ja jedem der anwesenden Indianer, Squaws und Bleichgesichter ein Indianer-Name verliehen werden.

Bei der Namensverleihung bekommt jeder mit einem Stirnband seine Indianerfeder aufgesteckt. Die Namen können gemeinsam

ausgesucht, frei gewählt, verlost oder vom Namensbaum (Zettel hängen an einem Ast) abgeschnitten werden.
Die Indianernamen werden sichtbar am Stirnband oder an der Kleidung befestigt. Wagt einer im Verlauf des Nachmittags Karl-Heinrich oder Jürgen zu rufen statt *Flinker Hirsch* oder *Schnaubender Büffel,* dann wird das mit einem erstaunten »Uff!« quittiert.
Wer öfter gegen die Namensregel verstößt, kann sogar seine Kopffeder abgenommen bekommen. Wenn dann Adlerauge, Grauer Bär, Stilles Wasser, Schwarze Rose, Ntschotschi, Winnetou, Silberblick und Schneller Mustang versammelt sind, läuft das Programm ganz von selbst.

Häuptlingszelt:

Als Erstes wird der Häuptlingswigwam hergerichtet. Dort kann man wichtige Spielutensilien, ggf. Proviant und Preise aufbewahren.

Im Haus: Ein Etagenbett oder ein Tisch lassen sich mit Decken oder Laken in ein vorzügliches Zelt verwandeln.

Im Freien: Es wird gemeinsam ein Zelt aufgebaut. Irgendeiner der Gäste hat bestimmt eines. Vielleicht hat sich auch ein Herzenswunsch des Geburtstagskindes erfüllt und es hat ein eigenes Zelt bekommen.

Wenn nicht, so kann man auch hier improvisieren und aus drei Stangen und einer Decke ein symbolisches Häuptlingszelt errichten, in dem man die Spielutensilien unterbringt.

Am stilvollsten feiert man natürlich das Indianerfest im Freien. Wer keinen Garten hat, nützt die Gelegenheit zu einem Ausflug. Der nächste Abenteuerspielplatz, ein Flussufer, eine Wiese am Stadtrand bieten ideale Wild-West-Bedingungen. Bei gutem Wetter liegt der Schwerpunkt vor allem auf den sportlichen und Geschicklichkeits-Wettbewerben.

Häuptling: *Geburtstagskind?*

Falls das Geburtstagskind nicht der Häuptling sein möchte, wählt man einen oder man bestimmt den Sieger aus einem Wettbewerb dazu.

Medizinmann: *Bohnenorakel*

Den Medizinmann allerdings bestimmt das Bohnenorakel. Zu diesem Zweck muss erst feierlich der Orakelkuchen verspeist werden. In diesen ist eine Bohne (bzw. Knopf, Zettel mit Spruch oder Geheimzeichen in Alufolie gerollt, o. Ä.) eingebacken. Der Kuchen wird gleichmäßig unter alle Anwesenden verteilt. Wer das Orakelstück mit der Bohne bekommt, wird Medizinmann.

Der Medizinmann darf bestimmen, welche Spiele zuerst gespielt werden. Er berät sich mit dem Häuptling, wann der Kriegspfad beschlichen wird und wann es »Feuerwasser« gibt, ob und wann die Kriegsbemalung angelegt wird usw.

Hier ein paar Spiel-Anregungen:

Die verschwundene Medizin (Suchspiel)

Die »Medizin« des Häuptlings (ein Säckchen mit Glasperlen, Stoffresten, Federn, Münzen, Steinen und Ähnlichem) ist verschwunden. Sie verleiht ihm bekanntlich Kraft und Stärke. Ohne sie kann er nicht auf den Kriegspfad. Alle sollen mithelfen die kostbare »Medizin« wiederzubeschaffen. Man findet zuerst nur einen Zettel, der auf geheimnisvolle Weise angeflogen kommt. Auf dem steht, wo man mit der Suche beginnen muss. Sie führt von Versteck zu Versteck. Je gerissener der »Entführer« die Spur legt, desto mehr Spaß macht die Suche. Man kann die Krieger auf den Hinweiszetteln zuerst Rätsel lösen lassen, ehe die Spur weiterführt. Die »Medizin« findet sich schließlich im Pflaumenbaum oder sie ist mit Leukoplast unter die Rutschbahn am Spielplatz geklebt oder der Dieb hat sie hinter dem Häuptlingszelt verbuddelt.

Hat man das Säckchen mit den geheimnisvollen Gegenständen gefunden, braucht man nur noch das Rätsel zu lösen, das auf einem Zettel steht.

Es verrät, wo die Indianer gleich etwas zu essen oder zu trinken finden (z. B. unterm Busch am Bach, hinter der Tanne, im Gartenhaus, im Campingwagen, in der Küche usw.). Frisch gestärkt geht es weiter.

Der stumme Trommler

Ein wichtiger Ausrüstungsgegenstand für einen Indianerstamm in der Prärie ist das Indianer-Telegrafenamt: die Trommel (Plastikeimer oder Topf). Der Trommler in diesem Spiel ist stumm. Er sitzt nur da und trommelt rhythmisch im Zweiertakt. Alle führen einen Indianertanz auf.

Sobald der Trommler in einen Dreierrhythmus überwechselt, droht Gefahr. Alle müssen sich schnellstens auf den Boden setzen, damit sie der Feind aus der Ferne nicht sieht.

Klopft der Trommler sogar dreimal kurz, dreimal lang, bedeutet das: »SOS – Feind naht in großer Übermacht«.

Alle müssen aufs Pferd springen und davonreiten. Die Pferde sind Stöcke oder Pferdeköpfe aus Pappe, die vor dem Häuptlingszelt liegen.

Da immer ein »Pferd« weniger vorhanden ist als Krieger, scheiden die langsamsten aus. Auch wer sich beim Ertönen des Dreierrhythmus nicht setzt, darf nicht weitermachen. Wer am Ende übrig bleibt, ist flink und geschickt: Er bekommt eine zweite Feder aufgesteckt und wird Unterhäuptling.

Auf dem Kriegspfad (Versteckspiel)

Die anwesenden Krieger werden in Schwarzfuß- und Gelbfußindianer eingeteilt und durch entsprechende Stofffetzen oder Krepppapierstreifen gekennzeichnet. Der Stamm der Gelbfußindianer bekommt drei Minuten Vorsprung und darf sich in einem genau bezeichneten Gebiet verstecken. Die Schwarzfußindianer verfolgen sie. Wenn es ihnen gelingt einen der Gelbfüße aufzuspüren und mit der Hand zu berühren, muss dieser ihnen ins Lager folgen. Sind alle gefangen, ist der Krieg zu Ende. Der Häuptling muss sich besonders gut verstecken. Wird er als Erster entdeckt, müssen alle anderen auch aus ihren Verstecken kommen.

Der Kriegstanz (Geschicklichkeitstanz)

Jedem Krieger wird am Fuß ein längerer Krepppapierstreifen befestigt. Sobald der Häuptling dem Trommler ein Signal gibt, geht der »Kriegstanz« los. Jeder versucht nun jedem mit dem Fuß auf den Streifen zu treten und diesen abzureißen. Die Hände dürfen nicht benutzt werden. Das gibt ein wildes Gehüpfe und Getümmel. Keiner heult, wenn er verliert, sondern er begibt sich unverzüglich in die »Ewigen Jagdgründe« (ein vorher bestimmter Bannkreis), wo sich bald immer mehr seiner roten Brüder einfinden.

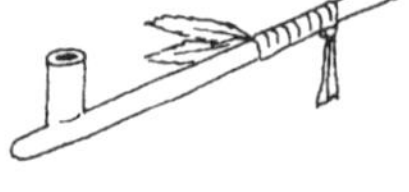

Wenn alle bei den Ahnen versammelt sind, ermahnt sie der Häuptling zum Frieden und lässt die Friedenspfeife kreisen.

Das blinde Pferd (Koordination)

Zwei oder mehrere Indianer haben ein blindes Pferd, d. h., dem Partner sind die Augen verbunden.
Die Indianer entfernen sich 20 bis 30 Schritte von ihrem Pferd. Nach dem Startsignal müssen die Indianer, ohne sich vom Ort zu bewegen, ihre Pferde durch Zurufe anlocken. Sieger ist das Pferd, das zuerst zu seinem Herrn gefunden hat.
Man kann die »blinden Pferde« auch über eine Hindernisstrecke führen lassen. Das heißt: Derjenige, dem die Augen verbunden sind, wird mit einer Schnur am Handgelenk über Stock und Stein geführt. Dabei darf der Reiter sein Pferd nicht berühren, sondern nur durch Zurufe, wie: bücken, rechts, links, Beine höher, Vorsicht, Stein! usw., lenken. Die Strecke ist für alle gleich und die Zeit wird gestoppt. Das schnellste Pferd gewinnt.

Blinde Eule (Anschleichen)

Der weise alte Indianer »Blinde Eule« sitzt mit verbundenen Augen in einem Kreis und kocht sein Süppchen. Vor ihm steht ein Blechtopf. Jetzt schleichen sich nach und nach feindliche Indianer an und versuchen Steine in seinen Suppentopf zu werfen. Sobald »Blinde Eule« ein verdächtiges Geräusch hört, ruft er »Da!« und zeigt mit dem Finger in die Richtung des Geräusches. Befindet sich der anschleichende Indianer tatsächlich dort und bereits innerhalb des Kreises, muss er ausscheiden. Das geht so lange, bis alle Indianer ertappt worden sind oder bis die vereinbarte Zeit verstrichen ist.

Am Ende werden die Steine im Topf gezählt.
Dann darf der Nächste »Blinde Eule« sein.
Der Indianer mit den besten Ohren hat natürlich am Ende des Spiels die wenigsten Steine in der Suppe.

Friedenstanz (Gedächtnis)

Apachen und Komantschen haben sich endlich versöhnt. Die Indianerstämme stehen sich friedlich in zwei Gruppen gegenüber.

Ein Indianer soll sich die Stammesbrüder genau ansehen. Dann wird er weg(hinaus)geschickt. Kurz darauf kommt er zurück.
Es tanzen alle wild durcheinander. Nun soll sich der Indianer erinnern, wer von den roten Brüdern dem Stamm der Apachen und wer dem der Komantschen angehört.

Zweikampf (Kraft und Geschicklichkeit)

Old Shatterhand wird von Silbernem Pfeil zum Zweikampf aufgefordert. Beide stehen Rücken an Rücken, die Arme untergehakt. Etwa zwei bis drei Schritt von jedem entfernt ist je eine Grenzlinie. Sobald das Startsignal gegeben wird, müssen beide versuchen den anderen über die Grenzlinie zu schieben oder zu drücken. Wenn man es schafft den anderen auf den Rücken zu nehmen und hinüberzutragen, geht es am leichtesten.

Flucht in Fesseln (Fangspiele)

Je zwei Indianer werden an einem Arm und einem Bein aneinander gefesselt. Ein Wächter soll auf sie aufpassen. Doch er schläft ein und sie können fliehen . . .
Die gefesselten Paare versuchen ein vorher bestimmtes Ziel namens »Freiheit« zu erreichen, ehe der Wächter aufwacht.
Wenn die Paare ungefähr die halbe Strecke Vorsprung haben, wird der Wächter allerdings mit einem Signalruf geweckt. Wenn er schnell genug ist, gelingt es ihm vielleicht noch einige der Gefangenen zu erwischen, ehe sie in Sicherheit sind.

Kampf mit dem Löffel (Koordination)

Zwei Indianer stehen sich innerhalb einer Grenzlinie, die nicht verlassen werden darf (im Haus: auf einem Teppich), gegenüber. Jeder hält einen Löffel mit einer Kartoffel (Stein) in einer Hand. In der anderen hat er eine Fechtwaffe (Stock, Tomahawk, Kochlöffel). Der Häuptling gibt das Startkommando. Jetzt muss jeder Indianer versuchen mit seiner Fechtwaffe dem anderen die Kartoffel vom Löffel zu schlagen. Das ist gar nicht so einfach, weil er gleichzeitig darauf achten muss, dass die eigene nicht herunterfällt.

Sobald eine Kartoffel fällt, ist der Kampf entschieden. Bei mehreren Kampfpaaren kämpft am Ende immer Sieger gegen Sieger. So stellt sich zum Schluss heraus, wer den Ehrennamen »Häuptling Tapfere Kartoffel« verdient.

Die Fahne im Fort (Geländespiel)

Die Spieler teilen sich in Bleichgesichter (Cowboys, Soldaten) und Indianer. Die Bleichgesichter richten sich in einem unübersichtlichen Teil des Geländes ein »Fort« ein, in dem sie ihre Fahne verstecken.

Die Indianer versuchen nun herauszufinden, wo sich die Fahne befindet, um sie zu erbeuten.
Die Soldaten verteidigen die Fahne, versuchen aber sich nicht gerade in der Nähe der Fahne aufzuhalten, um sie nicht zu früh zu verraten.
Am Oberarm eines jeden Spielers wird ein »Lebensfaden« befestigt. Wessen Faden zerrissen wird, der muss ausscheiden.
Wenn es einem der Indianer gelingt die Fahnenstange zu berühren, haben die Indianer die Fahne erbeutet und damit das Fort erobert.

Am Lagerfeuer

Am Lagerfeuer klingt das Indianerfest friedlich aus. Wenn man auf einem Grillplatz, an einem Flussufer, am Strand, im Garten oder einem anderen Ort feiern kann, an dem das Feuermachen erlaubt ist, gibt es ein »echtes« Lagerfeuer.

Wenn in der Wohnung gefeiert wird, dann ist der Garten- oder Balkongrill vielleicht ein kleiner Ersatz.
Selbst wenn bei Kerzenbeleuchtung ein Topf mit heißen Würstchen in die Mitte der im Kinderzimmer hockenden Indianer gestellt wird, kann das eine Illusion von »Lagerfeuer« vermitteln.
Selbstverständlich essen Indianer mit den Fingern.

Papas grillen

Wenn die Indianer *Papas* grillen, meinen sie Kartoffeln. Die leckere Knolle kam von den indianischen Lagerfeuern durch englische und spanische Seeleute zu uns nach Europa. Auch bei unserem Indianer-Lagerfeuer sollten daher *Papas* nicht fehlen.
Man wäscht die Kartoffeln, wickelt sie in Alufolie und legt sie ins Feuer. Da das Garen roher Kartoffeln sehr lange dauert (bis zu einer Stunde!), sollte man sie vorkochen.
Wenn die Kartoffeln fertig sind, macht man einen Schlitz in die Folie und gibt etwas Salz und ein Butterflöckchen hinein.
Ein heißer Tipp: unser Indianer-Dip!

Indianer-Dip (Rezept für 8 Personen)

- ☞ 500 g Quark mit einem Becher Sauerrahm verrühren. Mit Salz, Pfeffer, Kümmel, Kräutern würzen.
- ☞ Über die heiße, aufgeschlitzte Kartoffel geben.

Feuerwasser (Getränk)

☞ Zitronensaft mit Himbeersaft mischen, mit Ahornsirup abschmecken. Zitronenscheiben bis zur Mitte einschneiden und an die Gläser hängen.

Büffelhörnchen (Rezept für 8 Personen)

☞ *Zutaten:* 10 Wiener Würstchen und 2 Pakete tiefgekühlter Blätterteig

☞ Man rollt schon am Morgen die Blätterteigplatten aus und wickelt darin die halbierten Würstchen ein. Kühl stellen. Kurz vor dem Verzehr die zwanzig »Büffelhörnchen« bei 180 Grad 20 Minuten im Backofen backen und warm servieren. (Achtung! Sehr beliebt! Meist braucht man mehr!)

Cowboysalat »Farmerglück« (Blitzversion)

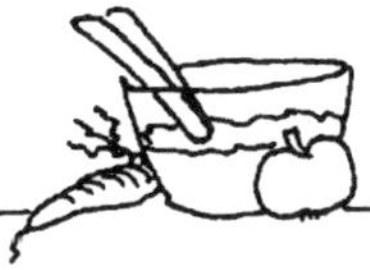

☞ Man verfeinert fertig gekauften Fleischsalat mit geraspelten Möhren, Äpfeln und sauren Gurken.

Orakelkuchen (Rezept für raschen Rührkuchen)

- ☞ 250 g Butter
- ☞ 250 g Zucker
- ☞ 250 g Mehl
- ☞ 4 Eier, 1 TL Backpulver, 1 Vanillezucker
- ☞ Butter mit dem Rührgerät schaumig rühren, nach und nach Eier und Zucker daruntergeben. Wenn die Masse cremig ist, esslöffelweise das Mehl darunterrühren.
- ☞ Den Teig in die gefettete Form geben.
- ☞ Die Orakel-Bohnen oder in Alufolie gehüllte Glückspfennige in den Teig drücken.
- ☞ Bei mittlerer Hitze (ca. 180 Grad) etwa 1 Stunde backen.

Der Phantasie für weitere Indianergerichte sind keine Grenzen gesetzt:

Trapperfladen (Buletten)
Schitschowiwi (Obstsalat)
Lassos mit Grisli-Blut (Spagetti mit Tomatensoße)
gebratenes Treibholz (Pommes frites)
Bärentatzen (braune Kekse)

Spätestens bei Sonnenuntergang sind dann hoffentlich alle Indianer satt und müde und finden den Weg in die heimatlichen Täler zurück.

Das Zirkusfest

für Löwenbändiger, Clowns, Artisten

Einladung:

Die Einladung kann so gefaltet werden wie ein Zirkuszelt: Man klappt die beiden oberen Enden des Papiers herunter wie beim Schiffchenfalten und bemalt das Zeltdach blau. Wenn man das Dach aufklappt, kann man den Einladungstext auf der Innenseite lesen.

Man kann die Einladung mit einem Clownsgesicht, mit gestempelten Elefanten, gemalten Löwen oder Collagen verzieren. Man kann sie auch wie eine Eintrittskarte für eine Zirkusvorstellung gestalten.

Textvorschlag:

Wenn die ersten Gäste kommen

Die Zirkusmusik hört man schon im Treppenhaus. Das Geburtstagskind begrüßt die Gäste. Wenn alle da sind, wird die Zirkusvorführung geplant, denn diesmal sind die Gäste zugleich die Ar-

tisten. Unter Anleitung des Zirkusdirektors Pomposius und seiner Frau Cinderella überlegen alle, was zu einem richtigen Zirkus gehört: Löwennummer, Zauberer, Clowns, Elefanten, Seehunde, Jongleure, Seiltänzer, Akrobaten, Musik . . .
Man kann die Gäste schon auf der Einladung bitten sich eine Zirkusnummer auszudenken, man kann auch anregen Sachen zum Verkleiden mitzubringen. Oder man stellt einen Karton mit alten Klamotten bereit, damit sich die Kinder nach Lust und Laune erst am »Tatort« ausstaffieren. Perfektion ist nicht gefragt! Zwei oder drei Kinder sollten sich jeweils zusammentun und eine oder zwei »Nummern« vorbereiten. Dazu gehört, dass man vorher alles bespricht und denjenigen, die nicht weiterwissen, Anregungen gibt. Hier sind einige Tipps:

Die Löwennummer

Der Löwenbändiger hat eine Gerte (Stock mit Schnur) in der Hand und befiehlt: laufen, hopp, hopp, Männchen machen, hinlegen, drehen, auf den Hocker steigen, Pfötchen geben usw.
Die gut dressierten Löwen (vielleicht bis auf einen?) folgen gehorsam seinen Kommandos. Am Ende lässt er seine »Löwengruppe« auch durch einen Reifen springen oder ganz laut fauchen. Haben

die Löwen alles gut gemacht, bekommen sie zum Schluss ein Stückchen Löwenschokolade und es wird herzlich geklatscht. Der Löwe, der immer aus der Reihe tanzt und alles falsch macht, macht allen besonders Spaß und bekommt eine extra Belohnung.

Die Elefantengruppe

Jedes Kind weiß, wie man einen Elefanten spielt: Mit einer Hand hält man die Nase zu und streckt die andere durch die Beuge, wo sie als Rüssel herumbaumelt. So trottet ein Elefant neben dem anderen in die Arena und befolgt möglichst gehorsam die Kommandos des Dompteurs. Vielleicht gelingt sogar ein »Elefantenballett« nach dem Lied:

Ein Elefant wollt tanzen gehn,
sich die weite Welt besehn.
Langsam setzt er Fuß vor Fuß,
denn er ist kein Omnibus.

Seelöwen

Seelöwen oder auch Seehunde können allerhand Kunststücke. Vor allem natürlich einen Ball auf der Schnauze balancieren und sich Kopfbälle zuspielen. Vielleicht ist auch ein singender Seehund dabei:

Ich bin ein kleiner Seehund mit Bart am Mund.
Ich tauchte in dem Eismeer bis auf den Grund.
Denn dort ist es kalt und frisch
und es gibt den besten Fisch
für einen kleinen Seehund mit Bart am Mund.
(Melodie: *Ein Männlein steht im Walde.*)

Jongleure

Die Jongleure können mit zwei, drei oder vier Bällen gleichzeitig jonglieren. Es können auch gedachte Bälle sein!
Sie können ihre Geschicklichkeit mit dem Jo-Jo, auf dem Fahrrad oder beim Balancieren von Stöcken auf dem Zeigefinger zeigen. Sehr schwer ist es natürlich Teller auf Stöcken zu jonglieren. Aber vielleicht verratet ihr zum Schluss doch augenzwinkernd, dass die Pappteller angeklebt waren!

Die Seiltänzerin

Die Seiltänzerin, vielleicht ein Junge im Krepprock, tanzt auf einem Springseil, das auf dem Boden liegt. Mit einem Regenschirm hält er/sie dabei nur mit Mühe die Balance. Mit den unmöglichsten Verrenkungen verhindert die Artistin, dass sie in die »Tiefe« abstürzt. Für diese tollkühne Nummer gibt es sicher Sonderapplaus.

Zirkusballett

Vielleicht sind echte *Ballettratten* unter euren Geburtstagsgästen, die gerne eine Probe ihres Könnens geben. Man kann schon vor dem Fest Bescheid sagen, dass ihre Kunst gefragt ist. Dann bringen sie bestimmt gern ihre Ballettschuhe mit und überlegen sich eine kleine Tanzszene.

Wenn nicht, dann lassen sich vielleicht einige Jungen oder Mädchen zu einem Quatschballett überreden. Je weniger sie nach Balletttänzern aussehen und je komischer sie sich anziehen, desto lustiger wird die Nummer ausfallen.

Der schlaue Esel (graue Decke, Sicherheitsnadeln)

Bei dieser Nummer stecken zwei im wahrsten Sinn des Wortes unter einer Decke. Denn ein richtiger Esel braucht vier Beine. Der Zirkusdirektor fragt seinen vierbeinigen Artisten verschieden schwierige Sachen. Der Esel beantwortet sie mit »Jahah!« oder mit Kopfschütteln. Sogar rechnen kann das schlaue Tier. Es sollten allerdings als Endergebnis immer Zahlen unter 10 herauskommen. Der Esel schlägt das Ergebnis mit dem rechten Vorderfuß auf den Boden. Er darf sich auch ruhig mal verrechnen, um zu sehen, ob es die Zuschauer bemerken.

Die Clowns

Hauptattraktion in jedem Zirkus sind die Clowns. Schon das Anziehen und Anmalen sind ein Vergnügen: eine rote Pappnase, ein wenig weiße Schminke, ein großer Mund, eine weiße Augenpartie mit senkrechten schwarzen Strichen, vielleicht eine struppige Perücke, ein alter Hut, zu große Hosen und ausgelatschte Schuhe. Am liebsten möchten alle mal Clown sein. Vielleicht wählt man den Größten und den Kleinsten aus oder einen, der besonders gut Purzelbäume schlagen oder Quatsch machen kann.
Clownsspäße denken sich Kinder sicher gern selbst aus oder sie erinnern sich vielleicht an ihren letzten Zirkusbesuch. Deshalb hier nur einige Anregungen:

Der musikalische Clown

Der Clown versucht zu singen. Es klingt immer entsetzlich falsch. Nicht einmal *Hänschen klein* bringt er zu Stande. Da fallen ihm seine Gesang-

spillen ein. Sehr umständlich kramt er sie, nach vielen anderen nutzlosen Gegenständen, aus seiner Hosentasche.
Er schluckt sieben davon, schließt die Augen und dann geht es los: Er schmettert irgendeine bekannte Arie mit sehr dramatischen Handbewegungen. Da vergisst man fast, dass die tolle Stimme aus dem Kassettenrekorder kommt.

Der Clown mit der guten Nase

Der kleine Clown fragt den großen: Kennst du Rosen? Klar! Kennst du Mist? Klar! Kennst du Seife? Klar! Was der eine Clown auch fragt, der andere kennt alles. Kannst du das auch alles blind riechen? Klar!, behauptet der große Clown mit der guten Nase. Dann will ich dir die Augen verbinden!, sagt der kleine Clown. Er stellt eine Schüssel mit Wasser auf den Tisch und der große Clown soll schnuppern. Natürlich riecht er nichts.
»Du musst näher hingehen, noch näher!«, rät der kleine Clown.
Ein Schubs – und der große Clown hat seine gute Nase im Wasser.
Natürlich jammert er fürchterlich, weil er so wasserscheu ist und seine Nase sowieso schon zwei Löcher hat und so weiter.

Clowns beim Tauziehen

Zwei Clowns ziehen um die Wette an einem Seil (Paketschnur). Sie streiten und plagen sich fürchterlich. Ein dritter Clown schleicht sich mit einer großen Schere an und schneidet das Seil entzwei. Unter großem Geschrei purzeln die beiden anderen

Clowns auf die Erde. Sie wollen dem dritten Clown nach, um ihn zu verprügeln, aber der ist längst über alle Berge.

Clown als Seiltänzer

Ein Clown spannt ein Seil, holt einen Schirm, steigt auf den Stuhl, aber er kommt nicht bis zu dem Seil hinauf. Da kommt ihm die Erleuchtung: Er nimmt das Seil wieder ab, legt es sorgfältig stramm auf den Boden, breitet vielleicht noch rechts und links sicherheitshalber Kissen oder eine Decke aus und vollführt dann seinen Seiltanz unter großen Verrenkungen als Parterre-Akt.

Der Clown geht zum Arzt

Ein dünner Clown in einem viel zu großen Mantel geht zum Arzt. Er erklärt ihm, dass er gern dicker werden möchte. Er soll mehr essen, meint der Arzt.
Das ist dem Clown zu mühsam und zu teuer.
»Dann kann ich dich nur noch aufpumpen!«, meint der Arzt. Das hält der Clown für eine gute Idee.
Der Arzt holt eine Fahrradpumpe und pumpt den Clown auf. Der wird tatsächlich dicker und dicker, denn er hat unter seinem Mantel einen Schirm versteckt, den er jetzt ganz langsam aufspannt.

Nach einiger Zeit möchte der dicke Clown wieder abnehmen. Er schildert dem Arzt, wie unbequem es ist so dick zu sein.
Da kann ich mit einer Spritze helfen, meint der Arzt.
Er holt eine große Tortenspritze und verpasst sie dem Patienten.
Leise zischend entweicht die Luft (der Clown macht das Geräusch mit den Zähnen) und der Clown wird wieder dünner (er macht den Schirm zu).

Flohzirkus (Pantomime)

Der Zirkusdirektor tritt auf und will anfangen. Da stellt er bestürzt fest, dass sich seine Hauptdarsteller Emil und Isolde davongeschlichen haben. Er ruft und sucht. Schließlich schreit er schmerzlich auf: Emil hat ihn in den Bauch gebissen. Auch Isolde findet sich bald im Jackenärmel oder hinter dem Ohr.
Jetzt geht es los: Die Flöhe, die natürlich so klein sind, dass sie keiner sieht, machen die tollsten Kunststücke.
»Ela hopp!«, ruft der Zirkusdirektor, und man sieht an seinen Augen, die rundherum kreisen, dass Emil einen Salto mortale rückwärts macht. Er lobt ihn. Dann tanzen die beiden vielleicht auf einem Haar zwischen den beiden Händen des Direktors, waagrecht, senkrecht. Sie springen auf den Boden, werden wieder aufgehoben. Sie machen die tollsten Sachen, wie man aus den Schilderungen des Direktors, seinen Bewegungen und seinem Mienenspiel errät.

Zum Schluss bekommen die Flöhe großen Applaus. Sie werden übermütig. Sie hüpfen ins Publikum. Der Direktor sucht sie aufgeregt. Bei den kitzligsten Leuten zuerst. Das gibt viel Gelächter. Hat er sie endlich gefasst, steckt er sie in eine Streichholzschachtel, verbeugt sich und verschwindet.

Akrobaten

Eine Akrobatennummer wird vor allem gefragt sein, wenn Kinder unter den Gästen sind, die im Turnverein, einer Gymnastikgruppe, einem Yoga-Kurs o. Ä. sind. Vielleicht reicht es zu einem gekonnten Handstand, einer Brücke, einem Rad? Am Beifall fehlt es hinterher sicher nicht, auch falls es nicht so perfekt gelingt.

Der starke Goliath (Trick-Pantomime)

Dick ausgestopft tritt der Goliath auf und behauptet, dass er der Stärkste ist. An seiner Hantel (Besenstiel) sind rechts und links schwere Bleigewichte befestigt, behauptet er. In Wirklichkeit sind er nur gut verpackte Gummibälle oder Luftballons in Pappmaschee. Der Goliath strengt sich schwer an, ächzt und stöhnt, bis er endlich die schwere Hantel hochreißt. Großer Applaus für den starken Mann.
Zum Schluss kommt der Kleinste und trägt die Hantel auf einem Finger hinaus.

Die singenden Chinesenkinder (Lied)

Die chinesischen Artisten sind in aller Welt berühmt. Diesmal treten sie als Gesangsstars auf. Ein beliebter Chinesenchor singt Chinesenlieder:

Dri Chinisen mit dem Kintribis
Fichs di hist di Gins gistihlin
Illi Vigil sind schin di
Ist die schwirzi Kichin di
ind si witir.

Wenn die Zuschauer genug Chinesisch gelernt haben, dürfen sie mitsingen.

Die schwebende Jungfrau

Mit Trommelwirbeln wird das sensationelle gefährliche Schauspiel mit der schwebenden Jungfrau angekündigt.
Ein »leichtes« Mädchen wird gesucht. Und mutig muss es sein! Ist die »Jungfrau« gefunden, muss sie sich flach auf den Boden legen.

Sie hält die Luft an, bleibt stocksteif liegen und darf sich nicht rühren.
Von jeder Seite treten drei Assistenten des Zauberers heran. Sie legen die Fingerspitzen beider Hände unter die geschlossenen Fersen, unter die Körpermitte und unter den Kopf. Sie atmen alle gleichzeitig tief ein und halten den Atem an. Zum Erstaunen aller können sie jetzt ihre Last mühelos hochheben und schweben lassen.
Ein Kunststück, das immer wieder verblüfft.

Leichtere Variante:
Das Mädchen legt sich auf drei Stühle. Vorsichtig wird der mittlere Stuhl (Trommelwirbel!) weggezogen. Sie schwebt! Ein bisschen geschummelt, aber Applaus bitte sehr!

Der Zauberer

Zauberer Umberto Malloni hat einen magischen Ring. Mit seinem Zauberstock kann er genau erraten, wo der Ring während seiner Abwesenheit versteckt worden ist.
Der Trick: Sein Gehilfe – jeder Zauberer braucht einen! – hat natürlich gut aufgepasst und sobald der Zauberer den richtigen Ort mit dem Zauberstock berührt, schlägt der Gehilfe die Beine übereinander, reibt sich an der Nase oder gibt ein ähnliches, vorher vereinbartes Zeichen.
Der Zauberer kann auch eine *Geheimbotschaft* sichtbar machen: Er zeigt ein leeres Papier, bügelt es und wie von Geisterhand ge-

schrieben erscheint eine Schrift. (Er hat vorher mit Essig oder Zitronensaft darauf geschrieben, was natürlich niemand weiß.)
Der Zauberer kann auch hellsehen: Er legt drei Geldstücke auf einen Teller. Dann lässt er sich die Augen verbinden. Er bittet einen der Zuschauer ein Geldstück wegzunehmen, es fest in die Hand zu nehmen und sich darauf zu konzentrieren.
Dann soll er es wieder auf den Teller legen. Der Zauberer bindet das Tuch ab, berührt alle Geldstücke und weiß genau, welches Geldstück für kurze Zeit seinen Platz verlassen hatte. (Es ist wärmer als die beiden anderen.)
Tausenderlei ähnliche Zaubertricks findet ihr in Zauberbüchern,

die man preiswert als Taschenbücher kaufen oder in jeder Jugendbücherei ausleihen kann.

Seltene Tiere (Scherzspiel)

Der Zirkusdirektor lädt zum Schluss zur Tierschau ein.
Das Publikum wird gefragt, welche Tiere es sehen möchte. Ein Breitmaulnashorn? Einen seltenen Affen? Ein Kamel? Ein nettes kleines Erdferkel?
»Wälche diesär Raritäten möchtän Sie als Ärstes sähän?«, fragt er und sieht in die Runde.
Henri möchte das Kamel sehen.
Der Zirkusdirektor führt ihn in sein Zelt, hinter einen Vorhang oder einen Baum. Da befindet sich ein Spiegel. In dem kann Henri das Kamel in voller Schönheit bewundern. Er grinst, als er zurückkommt, und verrät den anderen nichts. Denn Katja möchte gern ein Erdferkel sehen . . .

Die Zirkus-Nummern laufen natürlich nicht pausenlos hintereinander ab. Dazwischen gibt es immer wieder Musik und mittendrin eine große Pause, wie im richtigen Zirkus auch.
Da kommt dann der Würstelmann, der Eisverkäufer, die Waffelbäckerin (vgl. *Jahrmarktsfest*). Oder es wird duftendes Popcorn zubereitet, für jeden eine Tüte oder einen großen Jogurtbecher voll.

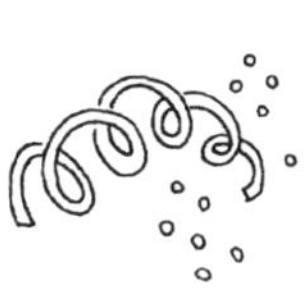

Popcorn (Rezept)

☞ In einer Pfanne mit Deckel erhitzt man auf dem Herd oder dem Gartengrill etwas Fett und gibt dann einen Esslöffel Maiskörner hinein. Sofort Deckel schließen.

☞ Nach 1-2 Minuten beginnen die Maiskörner zu »poppen«.

☞ Wenn die ganze Pfanne voll mit kleinen weißen Popcornwölkchen ist, kippt man sie heraus, bestreut sie, je nach Wunsch, mit etwas Zucker oder Salz und bereitet dann die nächste Portion zu.

PS: Das Zirkusfest eignet sich besonders gut als Klassenfest.

Das Laternenfest

für Laternenbastler, Rübengeister, Kürbisköpfe
und andere helle Lichter

Das klassische Laternenfest, das man am Martinstag, am 11. November feierte, ist längst auch an anderen Herbsttagen in Familien, Kindergärten, Schulen zu einem beliebten Brauch geworden. Und für die Geburtstage der Jüngsten eignet es sich besonders. Da es früh dunkel wird, kann man hinterher noch »Laterne gehen« und die Geburtstagsgäste nach Hause bringen.
Bei älteren Kindern verzaubert man das Laternenfest in eine moderne »Halloween-Party« und schon ist es auch ein Hit bei den Teens.

Einladung:

(für kleinere Kinder)

Zur Einladung kann man einen Bastelbogen für eine Laterne legen. Man kann die Einladungskarte in einem zusammengefalteten Lampion verstecken oder man kann ein Kürbisgesicht in kräftigen Orangetönen mit Wachskreiden auf einen dunklen Karton malen.

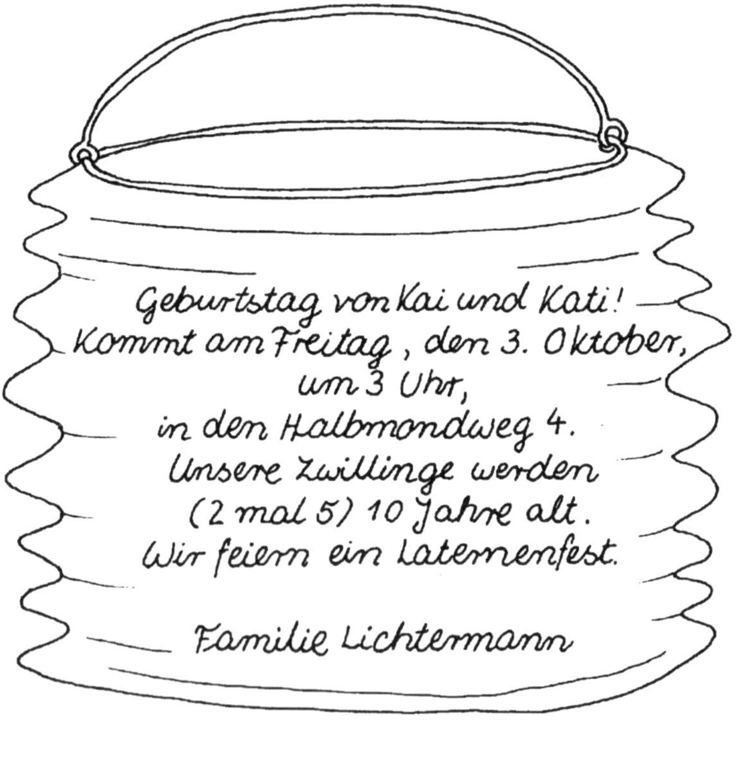

(für ältere Kinder)

Wenn die ersten Gäste kommen

Beim Laternenfest für die Kleinen scheiden sich die Geister. Ist es ein Bastelfest für eine kleine Gruppe, dann muss man das entsprechende Material vorbereiten. Gemeinsam Basteln finden viele Kinder schön und es wird zum zentralen Bestandteil des Festes. Wenn mehr als vier Kinder kommen, geht sicher auch einer nervenstarken Mutter der Kleber und die Bastelgeduld aus. Dann ist es besser, wenn die Gäste die fertigen Laternen schon mitbringen.

Man kann z. B. auf die Einladung schreiben, dass die schönste (selbst gebastelte!) Laterne prämiert wird.

Beleuchtung: Am besten nimmt man Teelichter zur Beleuchtung der Lampions. Es gibt auch Konstruktionen mit Batterien und kleinen Birnchen, die in die Laterne gehängt werden. Bei temperamentvollen Kindern ist so die Feuergefahr gebannt.

Bei der Halloween-Party für die Größeren steht natürlich der Kürbis als »Beleuchtungskörper« im Mittelpunkt.

Schon vor der Haustür sollte ein beleuchteter Kürbiskopf stehen und die Gäste grinsend empfangen. Ein als Hexe dekorierter Besen macht sich daneben besonders gut.

Für die Dekoration findet man genügend Anregungen im Kapitel *Geisterfest*. Außerdem fällt den Kindern bestimmt selbst noch eine Menge dazu ein.

Der Gastgeber kann als Fee oder Zauberer die Festregie führen und das Fest mit Magie würzen.

Der Geisterwald (lebende Kulisse)

Ein Zauberer verwandelt die anwesenden Gäste in lebende Bilder. Sie müssen alles tun, was er sagt. Am besten wirkt das bei abgedunkelter Beleuchtung.

Alle Anwesenden werden z. B. in einen Zauberwald verwandelt: Sie strecken sich, werden Bäume, nehmen die Hände hoch und bewegen die Äste im Wind. Vögel singen in den Ästen: Die Geister pfeifen und wackeln mit den Fingern. Ein Uhu schreit, ein Käuzchen ruft, ein Specht klopft, Regen tropft, unter einem Baum schnarcht ein Holzfäller, ein Kleiner verwandelt sich in einen Pilz. Ein Geist huscht – huijj – buhh durch den Wald. Dann wird es ganz still im Wald, die Bäume legen die Äste zusammen, Blüten schließen sich, alle sinken zusammen und schlafen.

So lange, bis der Zauberer sie mit seinem Zauberstab anrührt und wieder aufweckt.

Verkleidung

Kleine Kinder können sich als Wichtel, Zwerge, Kobolde verkleiden. Manchmal tragen sie allerdings auch lieber ein Vampirkostüm wie die Großen.
Die älteren Geburtstagsgäste bevorzugen schwarze Umhänge, schwarze Lippen, schwarze Fingernägel oder Laken mit aufgemalten Knochenmännern. Oder sie tragen als Kontrast zu den schwarzen Geistern schrille bunte Perücken und Klamotten. Hexen und Zauberer passen immer in das Programm.

Musik

Bei den Kleinen spielt und singt man die beliebten Laternenlieder, damit es draußen auf der Straße auch besonders schön klingt. Bei den Großen gibt es fetzige Party-Musik, nach der getanzt werden kann.
vgl. Tanz der Vampire, Silberne Kugel, Geister-Rock (Geisterfest)
Damit sich auch die Jungen zu tanzen trauen, sollte man Tanzspiele machen. Die Partner werden zugelost oder durch Suchspiele gefunden.

Beispiel für Suchspiel (Tanz)

Man nimmt so viele Postkarten, wie man Paare zusammenlosen möchte, und schneidet sie diagonal durch. Dann werden die Karten gemischt. Jeder zieht ein Dreieck. Die passenden Teile müssen sich wieder finden und sollen miteinander tanzen. Natürlich tanzen an Halloween Jungen und Mädchen quer durcheinander.

Hexentanz

Eine Hexe tanzt mit dem Besen Rock n 'roll. Dann sieht sie sich nach einem geeigneten Opfer um, holt es zum Tanz und gibt den Besen an einen dritten weiter. Der muss jetzt seinerseits einen Partner suchen und dann den Besen weitergeben – bis alle am Hexentanz teilnehmen.

Halloween-Kette (Polonäse)

Der Zauberer eröffnet den Zaubertanz: Jeder, den er mit seinem Zauberstock berührt, muss sich hinten anhängen und mittanzen. Am besten ist es, wenn jeder die Hände auf die Schultern seines Vordermannes legt, da wird die Kette am stabilsten. Die Musik beginnt, die Schlange wächst, windet sich, schlüpft unter den Armen der anderen durch, steigt über einen Stuhl, eine Kiste, wandert durchs Haus, vom Dach bis in den Keller, macht vielleicht sogar einen Ausflug ins Freie, bis die Musik aufhört oder die Kräfte nachlassen. Die Musik wandert (im Kassettenrekorder oder live als Gitarre oder Akkordeon) mit.

Kürbis-Laterne

Der Brauch, im Herbst aus Rüben oder Kürbissen Laternen zu schnitzen, ist schon sehr alt. Unser Großvater hat erzählt, dass sie schon als Kinder auf dem Land Rübengeister geschnitzt haben. Das Halloween-Fest ist ein Brauch, der sich vor allem in Amerika stark verbreitet hat und von dort in jüngster Zeit zu uns kommt. Jedes Jahr sieht man ein paar Kürbisköpfe mehr auf den Fensterbänken und an den Gartenzäunen leuchten. Der Brauch ist bei

uns so neu, dass der Begriff »Halloween« z. Zt. in vielen deutschen Lexika noch nicht verzeichnet ist. Aber inzwischen gibt es Halloween-Postkarten, Kinderbücher mit Halloween-Geistergeschichten und Halloween-Gruselartikel. In ein paar Jahren wird vermutlich auch bei uns so eine Art Herbst-Fasnacht entstehen. Daher sei rasch die Bedeutung des Wortes erklärt: Hallow ist das alte englische Wort für Heiliger und Halloween bedeutet »All Hallows Eve«, also den Abend vor Allerheiligen.
Der Brauch, an Halloween neben Kürbissen Knochenmänner aufzuhängen, kam von Mexiko, wo man an Allerheiligen ein Geisterfest auf den Gräbern der Ahnen feiert, nach Nordamerika.

Und so schnitzt man einen Kürbisgeist:

Das Oberteil des Kürbisses mit Stiel wie einen Deckel abschneiden. Dann den Kürbis vorsichtig aushöhlen. Das Fruchtfleisch in möglichst großen Stücken entfernen, damit man es dann zerkleinern und weiterverwenden kann.
Mit einem Kugelschreiber zeichnet man ein Gesicht auf die Kürbisschale. Dann schneidet man mit einem spitzen Messer die Konturen nach und drückt die Schalenstücke keilförmig heraus. Man beleuchtet die Kürbisse mit Teelichtern oder stellt eine kleine Lampe hinein.

Kürbis süß-sauer (Rezept)

☞ 2 kg Kürbisfruchtfleisch

☞ Kräuteressigwasser

☞ 1 kg Zucker

☞ 1 l Wasser

☞ 1 l Kräuteressig

☞ *Gewürze:*

☞ 1 Prise Koreander, 2 Zimtstangen, einige Nelken, 2 Zitronen in Scheiben, einige Pflaumenkerne, 1 Stück Ingwerwurzel

☞ Die Kürbiskerne aus dem Fruchtfleisch entfernen und danach das Fruchtfleisch in 1-2 cm dicke Würfel schneiden, waschen und über Nacht in 1 l Wasser mit 1 Tasse Weinessig einlegen.

☞ Am nächsten Tag einen Sud aus 1/4 l Wasser, 1 l Kräuteressig und 1 kg Zucker bereiten, die *Gewürze* und einige Zitronenscheiben hineingeben. Die Kürbisstücke in der Zuckerlösung bissfest kochen.

☞ Die Kürbisstücke noch heiß in frisch gespülte Marmeladengläser füllen, mit der heißen Zuckerlösung auffüllen und gut verschließen.

☞ Schmeckt sehr lecker zu allen Fleischgerichten, vor allem zu Gegrilltem.

Das Pyjamafest

für aufgeweckte Partygäste

Das Pyjamafest ist ideal für berufstätige Eltern und für allein erziehende Väter und Mütter, denn es findet abends statt. Außerdem ist es bei Einzelkindern beliebt, die sich riesig freuen, wenn sie einmal mit anderen Kindern zusammen schlafen dürfen. Und: Es ist vom Wetter unabhängig.

Die Festbeschreibung ist zwar kurz, aber das Fest dauert lang: nämlich vom Abend bis zum nächsten Morgen.

Die Zahl der Gäste hängt von den Übernachtungsmöglichkeiten ab. Dabei ist nicht an Betten gedacht, sondern an Luftmatratzen und Schlafsäcke. Am besten legt man gleich alle Schlafgelegenheiten in einem Raum auf den Boden, wie in einem Zeltlager.

Wenn das Fest mitten in der Woche stattfinden soll, dürfen die Gäste die Schultasche für den nächsten Tag nicht vergessen.

Einladung:

Als Motiv wählt man ein Bett, eine Schlafmütze, einen Wecker, das Sandmännchen, das auf dem Mond hockt, oder sonst etwas »Schläfriges«.

Das Ganze kann man, wenn man will, an eine nagelneue lustige Kinderzahnbürste binden.

Textvorschlag:

Wenn die ersten Gäste kommen

Man kann das Fest überraschend mit einer geeigneten Vorstellung im Kino an der Ecke beginnen lassen und anschließend mit den Kindern in eine Pizzeria oder eine Eisdiele gehen.
Aber man kann auch zu Hause Spiele machen und (vor allem, wenn die Eltern berufstätig sind) gemeinsam das Abendessen zubereiten.
Bei einer Pyjamaparty dürfen die Kinder mindestens bis 22 Uhr aufbleiben. Sie früher ins Bett zu schicken hätte doch keinen Sinn, weil sie sowieso nicht schlafen.

Dieses »ganz andere Fest« bietet viele Möglichkeiten, die aber stark vom Alter der Kinder und von der räumlichen und beruflichen Situation der Eltern abhängen. Viele Spielvorschläge aus den anderen Geburtstagsfesten in diesem Buch lassen sich einbauen.
Man kann Gesellschafts- und Würfelspiele spielen und basteln. Da man besonders in einer Wohnung nachts nicht so herumtoben kann wie bei Geburtstagsfesten, die tagsüber gefeiert werden, wird man eher ruhigere Spiele wählen.

Spiele

Sehr bliebt sind *Frage- und Antwortspiele,* wie Trivial Pursuit. Außerdem gibt es jede Menge spannende Gesellschaftsspiele, z. B. Cluedo, Peking Akte, Die Siedler von Catan, Sherlock Holmes, Hase und Igel, Malefiz.

Wenn der Fundus im Haus zu klein ist, kann man sich auch solche Spiele in der Bücherei ausleihen. Dort wird man sicher auch gern die für das jeweilige Alter geeigneten Spiele empfehlen.

Notfalls darf auch mal ein Computer-Spiel dabei sein, wenn es neu und besonders spannend ist. Aber es sollte unbedingt zeitlich begrenzt werden, damit die Kinder nicht den ganzen Abend vor dem Computer hängen.

Der Fernseher sollte allerdings ausgeschaltet bleiben.

Beliebt ist auch das folgende Würfel- und Geschicklichkeitsspiel:

Das verflixte Paket (Geschicklichkeitsspiel)

Man wickelt eine Tafel Schokolade in Geschenkpapier. Dann in Zeitungpapier und Packpapier. Jede Lage wird mit Bändchen oder

Schnur befestigt. Viele Schichten, vielleicht auch eine Lage Wellpappe umhüllen schließlich den süßen Kern wie die Schalen einer Zwiebel. Am Schluss entsteht ein großes kompaktes Paket. Adressiert ist es an das Geburtstagskind. Ausgepackt werden muss es allerdings von allen gemeinsam. Und zwar der Reihe nach.
Dazu braucht man eine Mütze, Schal, Handschuhe, Messer und Gabel und einen Würfel.
Wer zuerst eine Sechs würfelt, darf anfangen. Er muss rasch Mütze, Schal, Handschuhe anziehen und dann mit Messer und Gabel das Paket von der ersten Hülle befreien. Ehe das gelingt, hat bestimmt schon der Nächste eine Sechs. Stopp! Sobald er Mütze, Handschuhe, Schal anhat, darf er weiter auspacken. Spannend wird es am Schluss, wenn die Schokolade freigelegt ist und man kurz vor dem ersten Bissen »abgewürfelt« wird.

Sind die Kinder sehr lebhaft und schwer im Haus zu bändigen, sollte man eine Nachtwanderung planen. Mit Taschenlampen und Marschverpflegung macht das großen Spaß. Je nach Wohnort und Wetter kann man vielleicht eine Burgruine besuchen, Fledermäuse beobachten, zur Sternwarte oder zum Planetarium gehen, durch den Stadtpark wandern oder für ganz Mutige: über den Friedhof laufen.

Wenn dann die Ersten endlich müde werden und man verspricht zu Hause eine spannende Gespenstergeschichte zu erzählen, bekommt man die ganze Horde ziemlich rasch in die Betten.

Das Mitternachtsprogramm gestalten die Pyjama-Party-Gäste sicher gern selbst. Es werden Witze und Streiche erzählt und man liebt es herumzugeistern.

Und was das Schönste ist: Wenn am anderen Morgen alle mehr oder weniger ausgeschlafen erwachen, ist das Fest noch nicht zu Ende. Der Frühstückstisch ist gedeckt. Es gibt zur Feier des Tages frische Brötchen und Saft oder Kakao. Alle dürfen sich Zeit lassen;

denn heute brauchen sie nicht in die Schule zu laufen: Entweder ist Wochenende oder Papa/Mama hat sich bereit erklärt die ganze Bande hinzufahren.

Variante:

Wer den Umstand mit dem Übernachten scheut und aus beruflichen Gründen keinen üblichen Nachmittags-Kindergeburtstag feiern kann, könnte die Freunde seines Kindes auch zu einem gemütlichen »Brunch« einladen. Das bedeutet, dass die Gäste am Samstag- oder Sonntagmorgen zu einem späten Frühstück kommen, das gleich ins Mittagessen übergeht.

Zwei oder drei Freunde können mit dem Geburtstagskind den ganzen Tag verbringen, wenn Papa/Mama für eine aufwendigere Feier keine Zeit hat.

Das Nachmittagsprogramm lässt sich in den Familienalltag eingliedern: Man geht wandern, Eis laufen, skaten oder in den Zoo. Auch eine Rallye, wie sie in verschiedenen Museen für Kinder angeboten wird, kann bei schlechtem Wetter eine interessante Beschäftigungsmöglichkeit sein.

Verlagert man das Fest trotz der kalten Jahreszeit nach draußen, so fühlt sich keines der anderen Familienmitglieder oder Nachbarn am Wochenende durch eine laute oder aufregende Geburtstagsfeier gestört.

Das Backfest

für Leckermäuler, Knuspermäuse und Naschkatzen

Wer im Dezember Geburtstag hat, der ist immer schlechter dran als andere Geburtstagskinder. Meist bleibt im Trubel der Festvorbereitungen nicht einmal Zeit für einen richtigen Kindergeburtstag. Aber vielleicht kann man einmal das Angenehme mit dem Nützlichen verbinden? Zum Beispiel dann, wenn man den Geburtstag zum Backfest macht.

Einladung:

Auf die Vorderseite der Einladung ist ein großer Lebkuchen gemalt. Man kann auch kleine Plätzchenformen auf Buntpapier legen, die Umrisse nachmalen, ausschneiden und aufkleben. Könner bringen vielleicht sogar den Backofen von Hänsel und Gretel zu Stande.

Wer's weihnachtlich mag, kann eine Plätzchenform an einen Tannenzweig hängen und die eingerollte Einladung ebenfalls.

Textvorschlag:

Vorbereitung:

Je nach Alter und Zahl der Kinder (diese hängt von der Größe der Küche und den Nerven der Mutter ab) sollten die Rezepte vorbereitet werden. Ein guter Rat: Den Teig der meisten Rezepte möglichst schon am Vortag bereiten. Den Kindern genügt es, wenn sie den Teig für ein oder zwei rasch zuzubereitende Rezepte selbst

herstellen dürfen. Die Hauptfreude macht ja das Formen, Ausstechen oder Verzieren des Gebäcks. Mutters Teigreserve ruht derweil im Kühlschrank und es wird nur jeweils so viel herausgeholt, wie gerade benötigt wird. Man kann dann die Backerei auch jederzeit abbrechen, wenn man merkt, dass die Kinder den Spaß verlieren. Im Kühlschrank oder in der Kühltruhe wartet dann der Rest geduldig auf Weiterverarbeitung.
Das Gebäck sollte abwechslungsreich herzustellen und zu formen sein. Also z.B. Lebkuchen (schneiden), Makronen (Häufchen auf Oblaten setzen), Spritzgebackenes (durch den Fleischwolf mit Spritzvorsatz drehen), Vanillekipferl (Hörnchen formen) und vor allem Plätzchen zum Ausstechen. Ausreichend Material zum Verzieren (bunte Streusel, Schokolade, Hagelzucker und Glasuren) sollte bereitstehen.

Schürzen für die Weihnachtsbäcker sind rasch hergestellt: Man nimmt Geschirrtücher und knotet an zwei Ecken je einen Schürsenkel fest. Fertig ist die Bäckerschürze. Kopftücher oder Bäckermützen können, müssen aber nicht sein.

Wenn die ersten Gäste kommen

werden sie gleich in die »Backstube« geführt. Das muss nicht unbedingt die Küche sein. Falls diese zu klein ist, wird ein anderes Zimmer zur »Backstube«. Ein Balkontisch oder ein alter Esstisch schafft zusätzliche Arbeitsfläche. Die Tischplatte lässt sich mit einem abwaschbaren Tischtuch leicht schützen. Die Rezepte hängen an der Wand, am Kühlschrank oder liegen in Sichthüllen aus Plastik bereit. Jeder darf sich aussuchen, was er gerne backen möchte. *(Hände waschen, Schürze umbinden und dann kann es losgehen!)* Es sollten höchstens zwei oder drei »Köche« zusammenwirken. Mehr verderben bekanntlich den Brei. Einer ist der Chefkoch, der immer laut ausruft, was ihm die anderen in die Schüssel tun sollen. Große Kinder können den Teig schon allein oder mithilfe der Küchenmaschine herstellen. Den kleineren wird der Teig fertig aus dem Kühlschrank geliefert.

Bleche sollten in ausreichender Anzahl zur Verfügung stehen. Die Herde sind heute meist so genormt, dass man Bleche aus der Nachbarschaft zusätzlich ausleihen kann. Das erleichtert die Arbeit ungemein, weil auf »Vorrat« gearbeitet werden kann.
Im friedlichen Wettstreit werden die Bleche gefüllt. Es wird ausgerollt, ausgestochen, gepinselt, verziert. *(Die Mutter führt unauffällig Regie. Sie überwacht den Herd, stellt den Wecker und hilft, wo etwas klebt, zerbricht oder danebenkleckst.)*

Wenn die ersten Plätzchen herrlich duftend aus dem Backofen kommen, ist es Zeit das Teewasser aufzustellen für eine gemütliche Pause.
Der Tisch wird weihnachtlich gedeckt, die Kinder, deren Bleche schon gefüllt sind, helfen gerne mit. Auch für entsprechende Musikbegleitung sollte gesorgt sein. Sicher hört man sich auch gerne die Hörspiel-CD an, die das Geburtstagskind bekommen hat, oder es wird bei Kerzenlicht eine Geschichte vorgelesen.

Wenn die Geschichte so spannend ist, dass Gefahr besteht, dass das Gebäck verbrennt, sollte man rasch einen Herddienst ernennen. Der bekommt den Kurzzeitwecker in die Tasche und muss, wenn es klingelt, hinausgehen und die Bleche herausnehmen. Die Mutter hat vorher gezeigt, wie das mit Topflappen vorsichtig gemacht wird, damit sich niemand Brandblasen holt.
Haben sich die Makronenbäcker und Kipferlformer nun von der Arbeit erholt und davon überzeugt, dass alles gelungen ist, dann ist der erste Teil des Backofenfestes erfolgreich verlaufen.

Den zweiten Teil kann man mit Musizieren, Rätselraten, Würfelspielen, Wettpuzzeln, Schreibspielen und Ähnlichem verbringen oder aber man bastelt ein Knusperhaus. Das ist leichter, als es aussieht:

Bastelplan für das Lebkuchenhaus

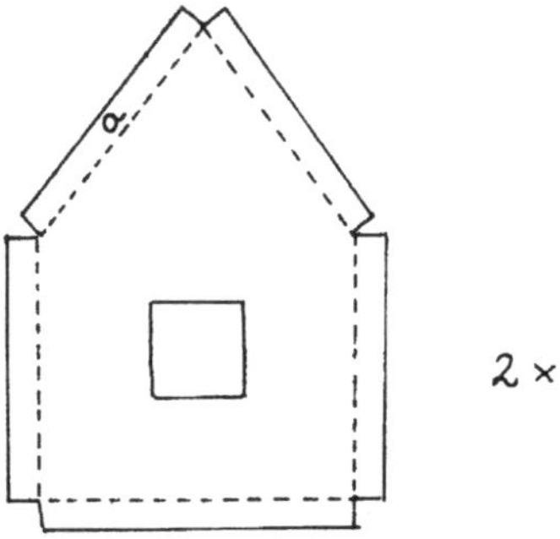

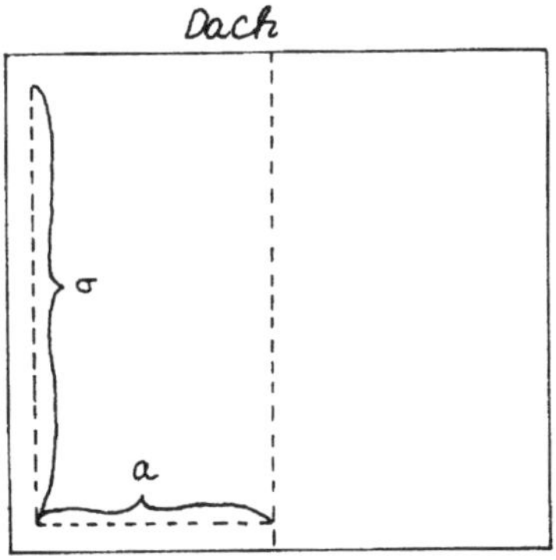

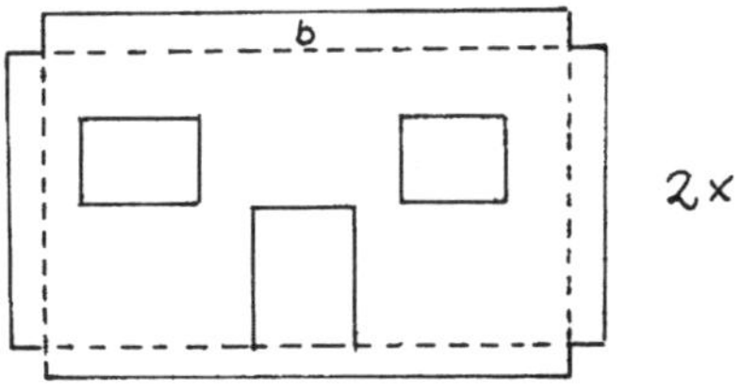

(*Material:* Karton, Gebäck, Ei, Zucker, Zitrone)

Man zeichnet nach obigem Schema zweimal die Hausfront (4 Wände!) auf einen Karton. Die ausgeschnittenen 2 mal 2 Wände klebt man an den Laschen zusammen. Die unteren Laschen klappt man um und klebt das Haus damit auf eine Papp- oder Sperrholz-Unterlage. Jetzt braucht man noch ein Rechteck aus

Pappe, das etwas größer ist als 2 a (Giebelkante) mal b. Daraus macht man das Dach. Fenster und Türen werden ausgeschnitten und mit rotem Transparentpapier hinterklebt. Jetzt kann das Haus mit einer Taschenlampe beleuchtet werden.
Steht das Papphaus, dann geht es an die Verzierung. Sicher eignet sich ein großer Teil des vorher angefertigten Gebäcks dafür. Besonders die Lebkuchen. Man kann aber auch gekaufte Lebkuchen oder Spekulatius dafür nehmen.

Und so zaubert man aus dem Papphaus ein Knusperhaus:

Man stellt eine Zuckerglasur aus 4 Eiweiß, 500 g Puderzucker und einigen Tropfen Zitronensaft her. Das Eiweiß wird mit dem fein gesiebten Puderzucker verrührt, der Zitronensaft hinzugefügt und das Ganze mit dem Rührbesen zu einer spritzfähigen Masse aufgeschlagen. Mit diesem »Puderzucker-Zement« kann man nun die Knuspersteine festkleben. Bald ist das Haus nicht wiederzuerkennen. Wenn es für die kleineren Geschwister gedacht ist, kann man aus Pappe oder Sperrholz Hänsel und Gretel nebst Hexe ausschneiden oder -sägen und vor das Haus stellen.

Wenn das Fest zu Ende geht, bekommt jeder einige Kostproben der Weihnachtsbäckerei mit nach Hause. Und dazu vielleicht das Versprechen: Wenn das Knusperhaus nach den Feiertagen »geschlachtet« wird, dürfen alle wiederkommen und mithelfen . . .

Und im nächsten Jahr?

Da gibt es viele Möglichkeiten für das benachteiligte Dezembergeburtstagskind. Hier sind nur einige davon:

- Man hat im Dezember überall die Möglichkeit ein Stück im Jugendtheater zu besuchen (Karten rechtzeitig vorbestellen!) und vielleicht anschließend einen
- Besuch auf dem Weihnachtsmarkt zu machen.
- Man kann einen Schlittenausflug planen, der mit einer Schneeballschlacht und anschließendem Geburtstagsschmaus in einem Landgasthaus endet.
- Man kann irgendeines der anderen Feste in diesem Buch natürlich auch als Dezemberfeier feiern.
- Man kann ein Christbaumschmuck-Bastelfest veranstalten. Dazu lädt man am besten noch einige »fingerfertige« Mütter ein, die jeweils eines ihrer Spezialmodelle aus der Strohstern-, Goldpapier- oder Metallfolien-Serie den anderen beibringen.

- andere werden vielleicht lieber aus dünnem Sperrholz Sterne, Tannenbäume, Kreise und Quadrate sägen, die man dann mit Lackfarben phantasievoll bemalt.
- Sehr hübsch sind auch bemalte »Wasserzucker« (in alten Holzmodeln geformte Plätzchen), die allerdings vorher hergestellt werden müssen. Mit Lebensmittelfarben bemalt, sind sie ein sehr dekorativer Baumschmuck. Der Lohn für alle Mühe ist außerdem: Kauft man sie fertig im Laden, sind sie fast unerschwinglich!
- Man kann statt eines Backofenfestes ein Kalenderfest feiern. Es gibt Spiele (Wer im Januar geboren ist . . .), Geschichten (Die zwölf Monate), Lieder (Es war eine Mutter, die hatte 12 Kinder) für den äußeren Rahmen. Man kann Kalendersprüche für die Monate oder Tage vorlesen, an denen die einzelnen Kinder Geburtstag haben. Und dann kommt die Hauptsache: das Kalenderbasteln. Für die kleineren Kinder besorgt man Kalenderblöckchen, die man kauft oder aus den um diese Zeit reichlich erhältlichen Werbekalendern entfernt. Sie brauchen jetzt nur noch auf Pappkarton ein eigenes Gemälde, eine Collage oder einen Stoffbezug anzubringen. Dann wird der Kalender draufgeheftet und das persönliche Geschenk für Oma, Vati oder Tante ist fertig. Für die größeren Kinder besorgt man dickes weißes Papier bzw. dünnen Karton oder am besten gleich Leerkalender, die es in verschiedenen Größen in Bastelgeschäften gibt. Da sind auf jeweils 12 Blättern die Monate und das Datum schon eingedruckt. So kann man sich ganz der Gestaltung des »Monatsbildes« widmen. Natürlich können nicht zwölf Bilder von jedem Kind an einem Nachmittag angefertigt werden. Aber

der Kartoffeldruck von Gabi oder der Linolschnitt von Jens ziert eben auch alle anderen Kalender. Sind zum Schluss noch zwei oder drei Seiten frei, dann klebt jedes Kind zu Hause noch einige besonders schöne Fotos ein.

- Sie können zum Vergnügen aller einen Jahreskuchen backen. Auf zwölf Kuchenstückchen sind mit kleinen Fähnchen die Monatsnamen aufgesteckt. Mit Vergnügen werden die hungrigen Bastler dem alten Jahr den Garaus machen.

Was ich noch besorgen wollte . . .

Allgemeine Checkliste

Die für die einzelnen Feste gesondert benötigten Dinge (z.B. Pappkartons, Medaillen, Quizbuch, Bastelmaterial) sind den einzelnen Festbeschreibungen zu entnehmen.

Pappbecher (Jogurtbecher)

Pappteller, Servietten, Papiertaschentücher, Toilettenpapier, Luftballons, Luftschlangen, Lampions, Girlanden

Getränke (Tees, Limonaden, Mixgetränke)

Backwaren (Brezeln, nicht zu schwere Kuchen, Salzletten, Kartoffelchips, kleine Brötchen)

Bälle, Maßband, Stoppuhr, Schnur, Bindfaden, Wollfäden

Papier, Stifte, Farben, Tapetenreste, Klebstoff

Eimer, Schrubber, Lappen (für manche Feste)
Ein Wegweiser zur Toilette
Musik (CDs oder Kassetten)
Große Pappkartons für Abfälle (Geschenkpapier, Pappbecher, Kaugummipapierchen, Apfelsinenschalen)
Hansaplast
Eine Kopfschmerztablette für den Veranstalter!

Kleine Geschenke und Preise für die Gäste:
Bleistifte, kleines Blöckchen, Murmeln, Knackfrösche, eine Freikarte für das Hallenbad, einen Puppenranzen, Sportbilder, eine Anstecknadel, ein fein polierter Glückspfennig, ein bemalter Kieselstein, Mikado, Kalender, Sets, Briefpapier, den Code für eine Geheimschrift, Klebebilder, ein Turnsack (aus Stoffresten rasch genäht), ein Puppentischtuch, Abziehbilder, ein Kopftuch, Proben aus der Drogerie (kleine Seifen, Parfüms, Erfrischungstücher), Mitbringsel von einer Flugreise (Besteckttüten usw.), Briefmarken, Sparschweine, Kinderposter, Laubsägearbeiten, Seifenblasen, Minibücher, Trillerpfeife, Knetgummi, Selbstgebasteltes, verschiedene Teile einer Playmobil- oder Legopackung, je eine Tasse und einen Teller eines Puppengeschirrs, lustige Spitzer und Radierer, Anhänger, einen Fahrradwimpel, eine Filmrolle (für die Kamera) oder eine Reise für zwei Personen (mit dem Omnibus). Als Hauptpreise winken vielleicht sogar ein Taschenbuch, eine selbst bespielte Kassette, ein Tischtennisschläger oder eine Karte für das Jugendtheater.

Ausklang

Einleitend wurde schon darauf hingewiesen, wie wichtig es ist, dass einem am Schluss das Fest nicht aus den Händen gleitet, sondern, dass man es zu einem ruhigen Ausklang führt. Am wenigsten wünscht man sich Tränen, Rauf- und Tauschaktionen um die begehrten Gewinne. So sollte man vielleicht schon vor einer geplanten Verlosung darauf hinweisen, dass eben nicht jeder Glück haben kann und der Reiz gerade darin besteht, dass man nicht weiß, was man bekommt. Jedes Kind sollte eine Tüte, Schachtel o. Ä. mit seinem Namen bekommen, wo es die begehrten Gewinne und Preise hinterlegen kann. So vermeidet man Streitfragen und Diskussionen wie: »Ich weiß genau, dass ich meine Lakritze dahin gelegt habe!« Und leider sehen sich Lakritzen so ähnlich.

Zum Abschluß ist es daher vielleicht ratsam, wenn man, wie bereits vorgeschlagen, noch eine Geschichte vorliest oder gemeinsam ein Lied singt.

Meist gröhlt die ganze Bande nach einer solchen Aufforderung »Happy birthday to you«, weil es sonst kein Lied zu geben scheint, das alle kennen.

Ohne dem internationalen Geburtstagsschlager Konkurrenz machen zu wollen, lässt sich das folgende Liedchen ganz einfach auf die Melodie »Alle meine Entchen« singen.

Man kann es (sogar mit einem Finger!) auf dem Klavier begleiten, vielleicht produziert sich auch eine kleine Schwester stolz auf dem Glockenspiel als Begleitung. Der Text wird verteilt oder rasch gelernt und spätestens beim dritten Versuch klappt das Geburtstagsständchen für Kathinka, Sascha, Sabine, Sibylle, Sonja oder Jan:

Geburtstagslied

(Melodie: Alle meine Entchen)

Kathinka hat Geburtstag,
beginnt ein neues Jahr,
beginnt ein neues Jahr,
das woll'n wir alle feiern
und deshalb sind wir da.

Wir wünschen dir von Herzen
mit Lachen und Gesang,
mit Lachen und Gesang:
sollst immer fröhlich bleiben
ein ganzes Leben lang.

Wir woll'n uns mit dir freuen
den ganzen langen Tag,
den ganzen langen Tag,
essen, trinken, spielen,
so lang ein jeder mag.

Und geht der Tag zu Ende,
so muss es leider sein,
so muss es leider sein:
Wir schütteln uns die Hände
und gehen wieder heim.

Wir rufen noch beim Abschied:
Kathinka, lebe hoch!
Kathinka, lebe hoch!
Gesundheit, Glück und Freude
und tausend Dinge noch.

Alle:
Das Geburtstagskind,
es lebe hoch! Hoch! Hoch!

Man singt zur Begrüßung Strophen 1-3 und zum Abschied noch einmal die erste und darauf die beiden letzten Strophen.